LEKTÜRESCHLÜSSEL FÜR SCHÜLER

Patrick Süskind

Das Parfum

Von Helmut Bernsmeier

Philipp Reclam jun. Stuttgart

Dieser Lektüreschlüssel bezieht sich auf folgende Textausgabe: Patrick Süßkind: *Das Parfum*. Die Geschichte eines Mörders. Zürich: Diogenes Verlag, 1994. (Diogenes Taschenbuch. 22800.)

RECLAMS UNIVERSAL-BIBLIOTHEK Nr. 15370

Gesamtherstellung: Reclam, Ditzingen
Printed in Germany 2006

ISBN-13: 978-3-15-015370-3
ISBN-10: 3-15-015370-0

www.reclam.de

Inhalt

1. Erstinformation zum Werk

Kaum ein Schriftsteller hatte mit einem Romanerstling in den letzten Jahren einen so großen Erfolg wie Patrick Süskind mit *Das Parfum. Die Geschichte eines Mörders*, einem Roman über Düfte und Morde. Bereits mit dem Vorabdruck des Romans in der *Frankfurter Allgemeinen Zeitung* ab Oktober 1984 sowie in der *Schweizer Illustrierten Zeitung* ab November 1984 zeichnete sich der Erfolg ab. Die Startauflage in Höhe von 10 000 Exemplaren war schon nach wenigen Monaten vergriffen, obwohl der Autor dem Diogenes Verlag geraten hatte, nur 5000 Exemplare zu drucken. Innerhalb weniger Jahre verkaufte Diogenes mehrere Millionen Exemplare, überdies wurden über dreißig Übersetzungen, auch in exotische Sprachen, vorgenommen. Von 1985 an stand *Das Parfum* über 316 Wochen ununterbrochen in den Bestsellerlisten.[1] Wer den Roman nicht *lesen* möchte und das gesprochene Wort vorzieht, kann zu dem von Gert Westphal besprochenen Hörbuch greifen.

Erzählerische Duftorgie

Worin liegt der Reiz dieses Romans? Sicherlich darin, dass Süskind eine fantastische Geschichte so erzählt, dass ihm der Leser, auch der junge Leser, aufmerksam zu folgen vermag. Der Autor arrangiert erzählerisch eine einzigartige Duftorgie und vermittelt eine Fülle von kulturgeschichtlich interessanten Details aus dem Bereich der Parfumherstellung. Dabei verliert er sich nicht in der Beschreibung von Einzelheiten, es gelingt ihm vielmehr, durch Spannung einen Anreiz zum Weiterlesen zu schaffen.

Süskind führt seine Leser in die Welt von Paris und das

Frankreich des 18. Jahrhunderts und lässt ihn am niederträchtigen Leben seiner gewissenlos handelnden Hauptperson Jean-Baptiste Grenouille teilhaben. Grenouille nimmt seine Umwelt ausschließlich durch seinen Geruchssinn wahr und kreiert zauberhafte Parfums, allerdings allein mit dem Ziel, seine Mitmenschen zu verführen. Er ist genial, weil er Gerüche so zusammenstellen kann, dass sie seine Mitmenschen berauschen: Er ist ein Parfumeur par excellence. Von hässlichem Äußeren, zeigt sich Grenouille als ein moralisch verkommenes Individuum, das, um sein Lebensziel zu erreichen, vor kaltblütigen Morden nicht zurückschreckt. Am Ende veranlasst er durch seinen selbst kreierten genialen Geruch, eine Gruppe von Menschen, allesamt gesellschaftlich Deklassierte, ihn aus Liebe aufzufressen. Kannibalismus als Endlösung.

Verführung der Mitmenschen durch wunderbares Parfum

Kaltblütige Morde führen zum Lebensziel

Der *Lektüreschlüssel* will zum besseren Verstehen des Romans beitragen. Werkaufbau und Rezeptionsgeschichte verdeutlichen, Zusammenhänge herausstellen und Zusatzinformationen liefern. Der Inhalt sowie die wichtigsten Personen werden vorgestellt, schwierige Begriffe erklärt und ein Interpretationsvorschlag an die Hand gegeben.

2. Inhalt

Die Handlung des Romans *Das Parfum. Die Geschichte eines Mörders* spielt in den Jahren 1738 bis 1767 in Frankreich, in der Zeit der Aufklärung. Sie umfasst die Entwicklungsgeschichte der Hauptperson Jean-Baptiste Grenouille von seiner Geburt am 17. Juli 1738 bis zu seinem Tod am 29. Juni 1767. Das flüchtige Reich der Gerüche bildet ein zentrales Motiv, hierzu gehört sowohl der Wohlgeruch von Parfum als auch der unvorstellbare Gestank in den Städten. Dieser Gestank bildet den Rahmen der Handlung. So erblickt Grenouille das Licht der Welt »am allerstinkendsten Ort des gesamten Königreichs« (7), auf dem »Friedhof der Unschuldigen«, der auch als Marktplatz genutzt wird, wo der widerliche Geruch von stinkenden Fischen den Geruch von Leichen überdeckt. Auf dem Cimetière des Innocents endet auch sein Leben, dort, wo der Leichengestank selbst die Totengräber vertreibt.

Zeitalter der Aufklärung

Erster Teil (Kapitel 1–22): **Kindheit und Lehrjahre**

Am Anfang des Romans steht die Geburt von Jean-Baptiste Grenouille. Seine ledige Mutter, eine Fischverkäuferin, hatte schon vorher an ihrem Stand Kinder zur Welt gebracht, diese aber sterben lassen. Nun nabelt sie Jean-Baptiste mit ihrem Fischmesser ab, bevor sie ohnmächtig zusammenbricht. Wenig später wird

Geburt und Kindheit des geruchlosen Grenouille

die Geburt entdeckt, die junge Frau, die ihren Sohn nicht am Leben lassen wollte, wird verhaftet und dann hingerichtet, während Jean-Baptiste in die Obhut von verschiedenen Ammen kommt. Wegen seiner unangenehmen äußeren Erscheinung, er ist klein, bucklig und hässlich, und wegen seiner Geruchslosigkeit, wird er in den Familien Opfer aggressiven Verhaltens. Das Kind, das fast schmerzunempfindlich zu sein scheint, übersteht Unfälle, schwere Krankheiten und sogar Mordanschläge dank seiner Zähigkeit und Genügsamkeit, weshalb ihn der Erzähler als Zecke bezeichnet. Dieses Insekt, ein Parasit, saugt das Blut aus anderen Lebewesen heraus und weiß lange Zeit ohne Nahrung auszukommen. Wegen seines zeckenartigen Verhaltens vermag es keine Nährmutter lange mit Grenouille auszuhalten. Schließlich gibt auch die Amme Jeanne Bussie den kleinen Jungen einem Pater namens Terrier zurück, der ebenfalls keine emotionale Nähe zu dem Kleinen zu entwickeln vermag. Dieser bezeichnet Jean Baptiste als ein »fremdes, kaltes Wesen«, als ein »feindseliges Animal« (24), weil er den Eindruck gewonnen hat, das geruchlose Kind röche ihn schamlos ab. Gegen eine einjährige Vorauszahlung kommt Grenouille schließlich in die Obhut von Madame Gaillard, einer Frau, die zwei Dutzend Kinder in Pflege hat. Sie betreut die Kinder nicht aus humanitären Gründen, sondern sieht in der Kinderpflege eine rein geschäftliche Angelegenheit, um von dem Kostgeld ihre Rente zu sichern.

Jean-Baptiste Grenouille, der selbst über keinen Körpergeruch verfügt, nimmt seine Umwelt geruchlich wahr und sammelt ihre Gerüche in seinem Gedächtnis. Hierzu bekommt er Gelegenheit, nachdem Frau Gaillard den Achtjährigen an den Gerber Monsieur Grimal verkauft. Grenouille übersteht bei ihm wegen der schonungslosen Arbeits- und Lebensbedingungen das erste Jahr der »mehr tierischen als menschlichen Existenz« (42), besiegt auch die in der Regel tödlich verlaufende Gerberkrankheit, den Milzbrand, woraufhin Grimal den Jungen etwas fürsorglicher behandelt. Er hält Grenouille nun nicht mehr wie »irgendein Tier, sondern wie ein nützliches Haustier« (43). Hierdurch in gewisser Weise privilegiert, hat Grenouille nun die Möglichkeit, sich in Paris umzusehen, um die Stadt mit seinem Geruchssinn olfaktorisch zu erfassen und die Düfte im Gedächtnis zu speichern.

Schonungslose Arbeitsbedingungen beim Gerber Grimal

Am 1. September 1753 findet für ihn das entscheidende Schlüsselerlebnis statt: Während sich die Bevölkerung am grandiosen Feuerwerk anlässlich des Jahrestags der Thronbesteigung Ludwigs XV. erfreut, lässt sich die Hauptperson abseits des Getümmels vom Geruch leiten. Hilflos gegenüber einem faszinierenden Duft wird er ohne eigenen Willen zu einem dreizehnjährigen rothaarigen Mädchen geleitet, das Mirabellen putzt. Er will ihren Duft in sich aufnehmen, ihn in seinen Besitz bringen, weshalb er die Jungfrau erwürgt, um sich dann an dem Wohlgeruch ihres Körpers zu berauschen. Indem er sie von Kopf bis Fuß abriecht, sammelt er auch die letzten Reste ihres Duftes ein. Mit diesem Verbrechen eröffnet sich für Grenouille ein Weg, den er von nun an konsequent beschreitet: Die Ermordung des Mädchens hat für ihn die Bedeutung einer neuen Geburt, denn jetzt kann er seine bisherige, als animalisch empfundene Existenz hinter sich lassen. Sein Ziel ist es, ein Erschaffer von Düften zu werden, wobei er sich das »Prinzip des Duftes« durch Ver-

Erster Mord als Schlüsselerlebnis

Neues Lebensziel

brechen zu Eigen macht. Jedoch bevor die Serie von Gewaltverbrechen erfolgt, muss Grenouille noch sein handwerkliches Können vervollständigen.

Schaffung zahlreicher Duftkompositionen beim Parfumeur Baldini

Bei dem Parfumeur Giuseppe Baldini, dessen Geschäft im Niedergang begriffen ist, bekommt er eine Anstellung, erlernt von dem Meister die notwendigen handwerklichen Techniken und produziert zahllose Duftkompositionen. Baldini steigt dank der genialen Kreationen Grenouilles, der wahre Sinfonien von Düften zustande bringt, bald zum bedeutendsten Parfumeur Frankreichs auf. Der Lehrling selbst gerät jedoch in eine tiefe, lebensbedrohliche Krise, da er sich methodisch nicht in der Lage sieht, einen in seiner Vorstellung entwickelten Duft auch herzustellen. Erst als Baldini dem Sterbenden drei weitere Verfahren der Gewinnung von Düften aus Blüten nennt, die in der Stadt Grasse, im Süden Frankreichs, praktiziert wurden, gewinnt Grenouille im Verlauf weniger Tage seine Gesundheit wieder. Nach einer sechsjährigen gründlichen Ausbildung erhält er schließlich von Baldini einen Gesellenbrief, um nach Grasse aufbrechen zu können. Baldini aber, der sich dank des Besitzes von mehreren hundert Formeln am Anfang einer beruflichen Karriere sieht, wird Opfer einer Katastrophe: Sein Haus und sein gut beschützter Schatz verschwinden zusammen mit ihm und seiner Frau in den Fluten der Seine.

Zweiter Teil (Kapitel 23–34): **Wanderjahre**

Auf seiner Wanderung nach Südfrankreich ist Grenouille der Geruch der Menschen zuwider, weshalb er deren Ausdünstungen meidet und in die größtmögliche Einsamkeit entflieht, auf den zweitausend Meter hohen Vulkan Plomb du Cantal. In dieser vollkommenen Isolation verbringt er sieben Jahre in einer Höhle, ernährt sich von Moosen, Kleingetier und Wasser, durchlebt in seinem Inneren ungezählte orgiastische Duftkompositionen, um schließlich in eine innere Krise zu geraten, als ihm seine eigene Geruchlosigkeit bewusst wird. Er will nun der absoluten Weltentfremdung entfliehen und macht sich, in Lumpen gekleidet, auf den Weg in südliche Richtung. In der Zivilisation, in Montpellier, kommt der nunmehr fürchterlich aussehende Grenouille, dessen Haare bis an die Kniekehlen reichen, dessen Nägel wie Vogelkrallen aussehen, in Kontakt mit dem Marquis de la Taillade-Espinasse, einem dilettantischen und skurrilen Wissenschaftler, der Grenouille benutzt, um seine Theorie von der Existenz eines aus der Erde strömenden Gases, dem »fluidum letale«, zu beweisen, das die Eigenschaft besitzen soll, die vitalen Kräfte der Menschen zu lähmen. Der Marquis muss sich jedoch zur Beweisführung betrügerischer Mittel bedienen, wenn er Grenouille den Gelehrten vorführt. Grenouille durchschaut die Machenschaften des Marquis und ist indessen bemüht, sich zu vervollkommnen. Es gelingt ihm, ein besonderes Parfum zu kreieren, eine Mischung aus unterschiedlichen Ingredienzen, wozu neben sich zersetzendem Käse und Katzendreck auch frische Düfte von Pfefferminze

Auf dem Vulkan Plomb du Cantal in vollkommener Isolation

Marquis de la Taillade-Espinasse

und Lavendel sowie Blütenöle der Orange, Rose und des Jasmins gehören. Als Ergebnis kann er zwei Flakons eines Parfums abfüllen, dessen Geruch von dem Menschengeruch nicht zu unterscheiden ist. Dieses Parfum verleiht ihm einen eigenen Körpergeruch. Zum ersten Mal in seinem Leben verbreitet Grenouille einen menschlichen Geruch, der ihn erst zu einem Menschen macht und eine für ihn bisher ungeahnte Wirkung auf andere ausübt. Nun wird Grenouille bewusst, dass er einen weiteren, einen übermenschlichen Duft kreieren muss, gleichsam »einen Engelsduft«, der alle verzauberte, sodass sie ihn, den Träger dieses Duftes, von ganzem Herzen lieben müssten (198). Grenouilles Ziel jedoch ist es, von den Menschen nicht nur geliebt zu werden, sondern vielmehr deren Herzen zu beherrschen. Hierzu ist es nötig, als »omnipotenter Gott des Duftes« eine außergewöhnliche Duftkomposition zu kreieren. Sein Plan, Menschen zu beherrschen, soll in dem Bewusstsein erfolgen, von Grund auf böse zu sein. Er verlässt schließlich den Marquis und Montpellier und zieht weiter nach Grasse.

Grenouilles menschlicher Geruch

»Omnipotenter Gott des Duftes«

Dritter Teil (Kapitel 35–50): **Meisterjahre**

Gelehriger Schüler in Grasse

In Grasse, der unumstrittenen Handelsmetropole für Parfume, will Grenouille neue Verfahren der Duftgewinnung kennen lernen, wie das schwierige Verfahren der Mazeration, bei der taugliche Öle bzw. Fette mit Blüten verrührt werden, um deren flüchtige Riechstoffe zu konservieren.

In der Stadt nimmt Grenouille bei der Witwe Arnulfi, die ihren Betrieb zusammen mit dem Gesellen Druot betreibt, eine Stelle an und zeigt sich als gelehriger Schüler, der die erlernten Methoden der Duftgewinnung keinesfalls nur an Pflanzen, sondern auch an lebenden Objekten, kleinen Katzen, Ratten, einem Hund, ausprobiert. Er tötet die Tiere, konserviert deren Geruch und kommt so seinem Ziel, den perfekten Menschengeruch zu gewinnen, näher. Es gelingt ihm zum ersten Mal, »einem lebenden Wesen die duftende Seele zu rauben« (237). Grenouille benötigt aber, um sein Werk zu vollenden, den Duft von bestimmten Menschen, von solchen, die Liebe inspirieren.

Interesse am Duft von makellosen Mädchen

Schon zu Beginn seines Aufenthaltes in Grasse wird Grenouille abermals vom Duft eines Mädchens angelockt. Grenouille glaubt fündig geworden zu sein, er ist überglücklich, zugleich aber betrübt, weil das Mädchen noch nicht ausgereift ist und ihren Duft noch nicht voll entfaltet hat. Grenouille will dem Kind zur Reife noch Zeit lassen, es noch nicht nach der ersten Begegnung töten. Er kann sich zu diesem Zeitpunkt schon ausmalen, über welch faszinierenden Duft sie nach der Reife von ein bis zwei Jahren verfügen wird. An ihrer beispiellosen Schönheit zeigt Grenouille kein Interesse, sondern allein an ihren faszinierenden Ausdünstungen, denen er schon jetzt verfällt.

Als er sie etwa ein Jahr nach seiner Ankunft in Grasse wieder trifft und ihren Duft einatmet, wird er von einem ungeheuerlichen Glücksgefühl ergriffen, er, der »Zeck, das Scheusal, der Unmensch Grenouille, der Liebe nie empfunden hatte« (242) und Liebe nie geben konnte. Allerdings liebt er auch jetzt nicht das Mädchen, sondern allein dessen

Duft. Diesen Duft will er heimholen, um ihn zum Grundbestandteil eines »Duftdiadems« zu machen, das zu seinem eigenen Duft werden soll. Für die Duftkombination benötigt Grenouille weitere Ingredienzen, besonders Duftnoten weiterer junger Frauen. Zu diesem Zweck tötet er ein außerordentlich schönes fünfzehnjähriges Mädchen, dessen Haar er abschneidet und dessen Kleider er mitnimmt. In Folge werden weitere dreiundzwanzig liebreizende Jungfrauen seine Opfer. Aufregung und Angst beherrschen die Bevölkerung nach den Morden. In Grasse verdächtigt man Zigeuner, italienische Wanderarbeiter oder Juden des Mordes, kommt aber Grenouille nicht auf die Schliche. Als es aber über eine längere Zeit hinweg zu keinem weiteren Mädchenmord kommt, kehrt wieder Normalität in der Stadt ein.

Bürger Richis

Indessen traut der angesehene und außerordentlich vermögende Bürger Antoine Richis dem Frieden nicht. Richis ist Vater der zauberhaften Laure, auf die es Grenouille abgesehen hat. Er liebt seine Tochter über alles und will sie, gar nicht selbstlos, an einen Adeligen verheiraten, um für seine Nachkommen den Adelstitel zu sichern. Richis ist misstrauisch und befürchtet, dass der Serienmörder es auch auf seine Laure abgesehen haben könnte. Um so seine höchsten Ansprüche zu verwirklichen, will er sein Kind nicht dem ›Konkurrenten‹ überlassen und entwirft einen analytisch scharf durchdachten, listigen Fluchtplan.

Tötung Laures

Grenouille hingegen bereitet sich auf seinen letzten Mord gut vor, reist dem flüchtenden Richi und seiner Tochter nach, immer geleitet von dem Duft Laures. Während sich der arglose Vater in vollkommener Sicherheit wähnt, geht Grenouille professionell ans Werk, erschlägt die schlafende Jungfrau, verpackt den Leichnam in einem vorbereiteten gefetteten Leintuch wie eine Mumie, damit kein Duft entweichen kann. Während des Vorgangs der Duftentnahme, der einige Zeit benötigt, ist sein Herz von Frieden erfüllt. Schließlich kann er den Duft Laures, verpackt in dem Fett des Leintuchs, mit sich nehmen, während er für den anmutigen Körper seines Opfers keinerlei Interesse findet. Am folgenden Morgen entdeckt Richis seine Tochter in ihrem Bett liegend, »nackt und tot und kahlrasiert und blendend weiß« (281).

Nun beginnt in Grasse wieder fieberhaft die Suche nach dem Mädchenmörder. Rätselhaft bleibt, zu welchem Zweck die Morde geschahen, da alle Jungfrauen unberührt, entkleidet und kahlgeschoren zurückblieben.

Grenouille wird jedoch schließlich entdeckt und gesteht seine Taten, aber auch unter der Folter verrät er nicht, weshalb er Laure und die anderen vierundzwanzig Mädchen erschlagen hat. Am 15. April 1766 fällt das Gericht von Grasse das Todesurteil. Die Hinrichtung artet zu einem Volksfest aus, an dem nicht nur die Vornehmen der Stadt, sondern auch Massen, die aus allen Himmelsrichtungen anreisten, teilnehmen wollen. Als der Verurteilte in einer Kutsche vorgefahren wird, geschieht ein Wunder: Die zehntausend Menschen auf dem Hinrichtungsplatz glauben plötzlich unerschütterlich, der Verurteilte könne unmöglich der Mörder sein. Grenouille, der auf dem Richtplatz steht, ist in ihren Augen die Unschuld in Person. Davon sind in diesem Augenblick alle überzeugt, der Bischof und der Gerichtspräsident, der Limonadenverkäufer und die kleine Wäscherin (300). Alle lieben plötzlich

Grenouille, geliebt als vollkommenes, erotisches Wesen

den verwachsenen Grenouille. »Es überkam sie ein mächtiges Gefühl von Zuneigung, von Zärtlichkeit, von toller kindischer Verliebtheit« (300). Grenouille hat sein Meisterwerk, sein Menschenparfum, vor seiner Entdeckung noch fertig stellen können und sich damit beträufelt, weshalb die Menschenmenge in ihm das schönste und vollkommenste, aber auch das erotischste Wesen sieht. Aus der geplanten Hinrichtung entwickelt sich ein Bacchanal, eine Massenorgie, bei der Menschen übereinander herfallen und dabei wahllos, um sich zu befriedigen, mit irgendwelchen Anwesenden kopulieren.

Grenouille beobachtet diesen Vorgang mit einem hässlichen, spöttisch-verächtlichen Lächeln. Er, der auf dem stinkenden Fischmarkt geboren wurde, ohne Liebe aufwuchs, der von hässlichem Äußeren war, hat es erreicht, von der Menge geliebt und wie ein Gott, ein noch herrlicherer Gott als jener »weihrauchstinkende« Gott der Christen (304) verehrt zu werden. Grenouille ist jedoch nicht in der Lage, dieses infernalische Treiben zu genießen, denn der Ekel vor den Menschen verdirbt ihm den Triumph. Immer noch hasst er die Menschen und wundert sich, dass Richis ihn nicht tötet, da an ihm doch der Geruch seiner Tochter klebt. Aber Richis ist, wie auch die anderen, in den Mörder verliebt, er will ihn sogar als Sohn annehmen, als Ersatz für die ermordete Laure. Das Todesurteil wird aufgehoben, an seiner Stelle wird der Geselle Druot verurteilt und hingerichtet.

Vierter Teil (Kapitel 51): **Grenouilles Ende**

Grenouille verlässt Grasse, durchquert Frankreich und betritt am 28. Juni 1767 Paris. Er weiß, dass er nun über unendliche Macht verfügt, die darin besteht, »den Menschen Liebe einzuflößen« (316), aber er weiß auch von seiner Machtlosigkeit, da er ohne Parfum geruchlos bleibt und nichts zu bewirken vermag. Paris stinkt wie zu Beginn der Handlung, die Stadt ist, als er zurückkehrt, erfüllt vom Gestank wie bei seiner Geburt. Der Ort seiner Geburt ist nach Mitternacht noch vom Pöbel bevölkert, hier liegt der Gestank von Toten in der Luft. Grenouille überschüttet sich mit dem Inhalt seines Flakons, weshalb sich die Anwesenden, Diebe, Mörder, Huren, plötzlich von ihm hingerissen fühlen; er erscheint ihnen wie ein Engel, wie ein Wesen von strahlender Schönheit, weshalb sie sich auf ihn stürzen und über ihn herfallen. Jeder will ihn berühren, jeder will ein Stück von ihm erhaschen, die Menschen zücken Messer und Äxte, zerhacken Grenouille in einem kannibalischen Akt und vertilgen ihn, von Liebe ergriffen. Der Roman endet mit der Aussage »Sie waren außerordentlich stolz. Sie hatten zum ersten Mal etwas aus Liebe getan« (320).

Grenouilles Ende am Ort seiner Geburt

3. Personen

Der Hauptperson des Romans, Jean-Baptiste Grenouille, dessen Entwicklung der Erzähler von der Geburt im Jahre 1738 bis zu seinem Tod 1767 schildert, ist eine Gruppe von Nebenpersonen an die Seite gestellt, die in der Regel während des Handlungsverlaufs sterben, sobald der Kontakt zu Grenouille abgebrochen ist. Diese Nebenfiguren begleiten die Entwicklungsphasen Grenouilles, sie üben aber, sieht man von der Vermittlung fachspezifischer Kenntnisse ab, keinen wesentlichen Einfluss auf die Sozialisation der Hauptperson aus. Die Nebenfiguren treten nur über einen jeweils kurzen Zeitraum auf, entwickeln sich aber selbst nicht fort und zeigen keine ausgeprägte Individualität; sie sind Persönlichkeiten ohne eigentlichen Charakter.

Nebenfiguren als Persönlichkeiten ohne ausgeprägten Charakter

Diese Personen sind dem Helden unterlegen, können ihm gegenüber keine Zuneigung entwickeln und nutzen ihn als Person, sei es als Pflegekind, als Arbeiter und Gehilfe oder als Demonstrationsobjekt, um des persönlichen Vorteils willen aus, ohne sich bewusst zu sein, dass Grenouille sie allein zur Verfolgung seiner Zwecke benötigt. Eine besondere Gruppe von Nebenfiguren bilden die jungen Frauen, die zu Opfern werden. Von diesen Opfern, den sechsundzwanzig ermordeten Jungfrauen, erfährt der Leser wenig; fünfundzwanzig haben den Dienst zu erfüllen, den Grundstoff für ein perfektes Parfum zu liefern.

Mutterfiguren und eine Vaterfigur

Die »noch ganz hübsch aussehende« unverheiratete **leibliche Mutter**, die namenlos bleibt, ist Mitte zwanzig und hat bereits vier Kinder auf dem Pariser Fischmarkt, dem »allerstinkendsten Ort des gesamten Königreichs« (7), wo sie arbeitet, zur Welt gebracht. Sie ist eine Frau ohne Muttergefühle und hat schon vor der Geburt beschlossen, auch das Neugeborene, wie die vier Kinder vorher, ohne Gewissensbisse sterben und mit dem »Fischgekröse« verschwinden zu lassen. Da das Neugeborene, das zwischen den abgetrennten Fischköpfen auf dem Abfallhaufen liegt, überlebt und zu schreien anfängt, wird die Mutter, die kein Unrechtsbewusstsein zeigt, festgenommen und nach einem Prozess enthauptet.

Frau ohne Muttergefühle

Grenouilles namenlose Mutter tritt lediglich als Gebärende auf, sie zeigt keine Menschlichkeit und Moral, in ihr spiegeln sich jedoch unverkennbar die Lebensumstände wider, die im 18. Jahrhundert in Paris herrschten.

Der Säugling kommt in die Obhut der **Amme Jeanne Bussie**. Sie hat schon zahlreiche Kinder gestillt, gepflegt und liebkost, zeigt also die menschlichen, mütterlichen Züge, die bei der leiblichen Mutter nicht vorhanden sind. Jeanne Bussie ist es, die zum ersten Mal Grenouilles Geruchlosigkeit feststellt und sich diese, obwohl sie über einen gesunden Menschenverstand verfügt, nur als Machwerk des Teufels erklären kann. Sie will als gottesfürchtige Person den geruchlosen Grenouille schnell wieder loswerden.

Pater Terrier, dem der Säugling von Bussie in Obhut gegeben wird, ist ein gebildeter Theologe, der sich als Zeitgenosse der Aufklärung mit Philosophie und Naturwissenschaften beschäftigt. Aber auch er, der in seinem Kloster für die Geldzuwendungen an Bedürftige zuständige Geistliche, ist bestrebt, den Säugling bald wieder loszuwerden, weil er das Gefühl hat, der geruchlose Junge röche ihn schamlos ab (23). Seine schon väterliche Zuneigung wandelt sich deshalb schnell zu einer unerbittlichen Abwehrhaltung gegenüber dem Kind, welches er als ein »feindseliges Animal« ansieht. Nachdem er sich Grenouilles entledigt hat, kehrt Terrier in sein Kloster zurück, wirft »seine Kleider wie etwas Beflecktes ab«, wäscht sich gründlich, betet lange und entschläft, »endlich erleichtert« (25).

Das Kind als »feindseliges Animal«

Grenouille kommt bis zum achten Lebensjahr in die Obhut von **Madame Gaillard**, einer gefühlslosen, von menschlicher Kälte geprägten Frau. Madame Gaillard ist etwa so alt wie seine leibliche Mutter. Obwohl noch keine dreißig Jahre, ähnelt sie äußerlich einer »Mumie« und ist innerlich längst gestorben (25). Die von einer Pflegemutter zu erwartende Liebe und Nestwärme vermag eine zu einer »Mumie« entartete Kinderfrau nicht zu gewähren. Sie ist, wie Grenouille, ohne Geruchssinn, seitdem sie als Kind vom Vater mit einem Feuerhaken brutal am Kopf geschlagen worden war.

Aufwachsen Grenouilles ohne Liebe und Nestwärme

Madame Gaillard nimmt Kinder allein mit dem Ziel in Pflege, ihre Rente zu sichern. Als das Kloster nach einigen Jahren die Zahlungen für Jean-Baptiste plötzlich einstellt, verkauft sie den achtjährigen Jungen, ohne ein schlechtes Gewissen zu entwickeln, für fünfzehn Francs an den Gerber Grimal, obwohl ihr bewusst ist, dass das Kind in dessen Werkstatt »nach menschlichem Ermessen keine Überlebenschance« (38) besitzt.

Der Erzähler berichtet knapp über den weiteren Lebensweg und das groteske Ende von Madame Gaillard. Die auf ihre materielle Absicherung im Alter äußerst bedachte Amme verarmt während der Revolution völlig und geht elendig im Gemeinschaftsbett eines Spitals an den Folgen einer Krebserkrankung zugrunde.

Lehrherren

Der **Gerber Grimal** ist, wie schon sein Name verdeutlicht, »ein Ausbund an Schlechtigkeit«. Grimal pflegt seine ihm anvertrauten Arbeitskräfte auszubeuten, ohne dass er sich Sorgen macht wegen der menschenunwürdigen Arbeitsbedingungen, denen er sie ausliefert. Auch die Arbeitskraft Grenouilles nutzt er rücksichtslos aus und scheut sich nicht, ihn körperlich zu misshandeln. Erst als der Junge eine schwere Krankheit überwindet und nun resistent gegenüber dem Milzbrand ist, steigt plötzlich der Wert seiner Arbeitskraft und damit der Wert seiner Person.

Menschenunwürdige Arbeitsbedingungen

Wie Pater Terrier stirbt auch der Gerber Grimal, nachdem er sich von Grenouille getrennt hat: Er betrinkt sich sinnlos von dem Geld, das er vom Parfumeur Baldini für den zwölfjährigen Knaben erhält, und stürzt ohne Orientierung in die Seine.

Diesem **Giuseppe Baldini** widmet der Erzähler ganze fünf Kapitel, in denen er dessen geschäftlichen Werdegang, seine Lebensumstände, Geisteshaltung und Wertvorstellungen offenbart. Der alte Mann hatte als Parfumeur durchaus einen Namen in Paris und verfügte einst über einen gewissen Wohlstand, da er seinen Kunden ein reiches Angebot an erlesenen Düften und Kosmetika vorführen konnte. Ihm war es jedoch nie gelungen, selbst einen Duft zu kreieren, vielmehr hatte Baldini die Rezepturen entweder geerbt oder anderen Parfumeuren abgekauft. Er wollte und konnte kein Erfinder von neuen Duftnoten sein. Als Grenouille in Baldinis Leben tritt, sind die schlechten Zeiten vorbei.

Wie Pater Terrier ist auch Baldini in seinem Denken in die Tendenzen der Aufklärung eingebunden, er negiert jedoch die fortschrittlichen Ansätze der neuen Zeit, die seiner Meinung nach eine »perfide Ruhelosigkeit« hervorgerufen haben. Seiner Meinung nach sei das »grenzenlose Chaos«, das in den Köpfen der »Schreiberlinge« herrscht, wozu er Diderot, d'Alembert, Voltaire, Rousseau zählt, »auf die gesamte Gesellschaft« ausgedehnt worden (74).

Grenouille ist als Kontrastfigur zu Baldini angelegt, er vermag spielerisch mit seinen Fähigkeiten umzugehen und kreiert mit einer instinktiven Sicherheit neue Duftstoffe, weshalb schnell der Meister Baldini zum eigentlichen Lehrling wird. Baldini repräsentiert weiterhin das Traditionsbewusstsein, er sieht in Genügsamkeit, Anspruchslosigkeit, Pedanterie und Fleiß hohe Werte, die von Grenouille nicht erfüllt werden.

Dilettantismus des Meister-Parfumeurs Baldini

Zunächst behandelt Baldini den jungen Grenouille arrogant, jedoch bald erkennt er, mit welchem genialen Menschen er es zu tun hat. Der Meister-Parfumeur beginnt ihn als Lehrling auszubeuten, verhält sich Grenouille gegenüber allerdings äußerst dilettantisch. Reich geworden – immerhin kann er eine umfangreiche Formelsammlung von neuen Düften anlegen, eine Manufaktur gründen und seine Waren ins Ausland verkaufen –, entlässt Baldini seinen Lehrling nach drei Jahren auf dessen Wunsch, stattet ihn mit einem Gesellenbrief aus und gibt ihm einige Francs mit auf den Weg.

Baldini vermochte Grenouille jedoch, obwohl er ihn ausbeutete, die notwendigen handwerklichen Kenntnisse der Parfumherstellung zu vermitteln.

Als der mit einem Gesellenschein ausgestattete Grenouille Haus und Werkstatt des Parfumeurs verlassen hat, ereilt Baldini, wie zuvor Grimal, schnell ein bizarres Ende. Geplagt vom schlechten Gewissen, weil er Grenouille schamlos ausbeutete, scheidet der Meister in der Nacht auf wunderliche Weise aus dem Leben: Die Brücke über der Seine, auf der sein Haus stand, bricht zusammen, zwei Häuser stürzen in den Fluss, in dem der Parfumeur mit seiner Frau ertrinkt. Zurück bleibt ein »sehr gemischter Duft von Moschus, Zimt, Essig, Lavendel und tausend anderen Stoffen, der noch mehrere Wochen lang den Lauf der Seine von Paris bis nach Le Havre« überschwebt (145).

Nach seinem siebenjährigen Aufenthalt in einer Höhle kommt Grenouille völlig verwildert in Südfrankreich an und trifft in Montpellier mit dem **Marquis de la Taillade-Espinasse** zusammen. Der Marquis ist ein an der »Schwelle zum Greisenalter« (206) stehender Mann, der sich, nachdem er sich aus dem gesellschaftlichen Leben zurückgezogen hatte, leidenschaftlich den Wissenschaften widmet. Er fühlt sich der Volkswirtschaft ebenso zugewandt wie der Pädagogik, der Agrarbiologie und der Geophysik. Diese Person stellt der Erzähler dem Leser als einen Vertreter der fortschrittlichen Ideologie der Aufklärung vor, allerdings in einer überzogenen, satirischen Art und Weise, die ihn der Lächerlichkeit preisgibt.

Marquis de la Taillade-Espinasse als Vertreter der fortschrittlichen Ideologie der Aufklärung

Während Baldini den Tendenzen der Aufklärung ablehnend gegenüberstand, versucht der Marquis selbst zum Fortschritt des aufgeklärten Jahrhunderts beizutragen. Seine wissenschaftlichen Theorien konnten sich allerdings wegen ihrer Obskurität und Wunderlichkeit über einen kleinen Kreis von Anhängern hinaus nicht durchsetzen, was seinen Wunsch nach wissenschaftlicher Anerkennung nicht zu mindern vermochte. Nun sieht er in dem fürchterlich verwildert aussehenden Grenouille die Chance, seine bizarre Lehre vom »fluidum letale« zu beweisen.

Lehre vom »fluidum letale«

Ausgehend von der Ansicht, der Erde entströme giftiges Verwesungsgas, das zur Verkrüppelung Grenouilles, zu dessen Narben- und Pustelbildung beigetragen habe, müsse eine Therapie in Kombination mit einer Vitaldiät einsetzen, die zur Heilung führen soll. Der Marquis unterzieht Grenouille, nachdem er ihn als monströses Wesen einer gelehrten Öffentlichkeit vorgestellt hat, einer mehrere Tage dauernden »Entseuchungs- und Revitalisierungskur«, lässt ihn dann neu ankleiden und schminken, um den jungen Mann als normal aussehenden »Monsieur« dem Publikum vorzustellen. Grenouille deckt diesen Schabernack auf, den der Marquis mit seinem Publikum spielt, und erweist sich hierbei dem angeblichen Wissenschaftler als überlegen. Wenngleich der Marquis Grenouille ausnutzt, profitiert dieser von den Betrügereien, wird er doch in die Lebenshaltung und den Umgangston der vornehmen Gesellschaft eingeführt.

Der Marquis verfügt über eine leidenschaftliche Einbildungskraft und Erfindungsgabe, aber auch über eine unaufrichtige Energie, um die eigenen Interessen öffentlichkeitswirksam durchzusetzen. Insgesamt arbeitet der Erzähler bei der Schilderung des Zusammenwirkens von Grenouille mit dem Marquis mit den Mitteln der Satire und vermengt Groteskes mit historisch Verbürgtem. Die vom Marquis vertretene Fluidaltheorie kommt dem heutigen Leser äußerst fragwürdig vor, zur Zeit der Aufklärung vermuteten jedoch Wissenschaftler eine außerordentliche Gefahr, die von Verunreinigungen im städtischen Bereich ausging. Es wurden, wie der Historiker Alain Corbin beschreibt, »pneumatische Experimente« durchgeführt und Beobachtungen mit »morbider Aufmerksamkeit« angestellt, um diese Gefahren zu erkennen und deren Ursachen zu analysieren. So beklagten Wissenschaftler im 18. Jahrhundert auch die krankmachenden Dämpfe, die beim Pflügen und Ackern in der Landwirtschaft freigesetzt wurden, und warnten die Bauern, sich nicht zu bücken und sich nicht zu nah über den Boden, den sie gerade bearbeiteten, zu neigen.[2]

Form der Satire

Den Marquis de la Taillade-Espinasse ereilt, wie der Erzähler zu berichten weiß, am Ende dasselbe Schicksal wie die anderen Nebenpersonen: Er scheidet ebenfalls aus dem Leben, nachdem Grenouille ihn verlassen hat. Der Marquis wollte noch die »zivilisierte Welt« mit seiner Lehre gewinnen und eine »fluidale Großtat« vollbringen (206): Er zog sich zu Anfang des Winters auf den mit 2800 Metern höchsten Berg der Pyrenäen zurück, warf in der Eiseskälte die Kleidung von sich und wandte sich ekstatisch mit erhobenen Händen dem Himmel zu, um »singend im Schneesturm« zu verschwinden. Auf dem verschneiten Gipfel fanden später seine Jünger nichts mehr von ihm: »kein Kleidungsstück, kein Körperteil, kein Knöchelchen« (207).

In Grasse, der seit Jahrzehnten als »unumstrittene Produktions- und Handelsmetropole für Duftstoffe, Parfumeriewaren, Seifen und Öle« (211) bekannten Stadt, nimmt die Witwe **Madame Arnulfi** Grenouille als Gesellen auf. Madame Arnulfi, eine Frau von etwa dreißig Jahren, wohlhabend und sowohl mit einem gesunden Geschäftssinn als auch mit fachlichen Kenntnissen der Parfumherstellung ausgestattet, führt das Geschäft ihres kürzlich verstorbenen Mannes mit Hilfe des Gesellen Druot weiter. Sie begutachtet und kontrolliert die hergestellten Duftstoffe persönlich, leitet den Handel und pflegt hingebungsvoll die Geschäftsbücher. Nach Beendigung der Witwenzeit heiratet sie ihren Gesellen Druot, der ihr bislang auch stets als Liebhaber zur Verfügung stand. Sie verwahrt jedoch weiterhin den Schlüssel für die Keller, in denen die wertvollen Kostbarkeiten aus der Parfumproduktion lagern. Auf die weitere Entwicklung Grenouilles übt sie selbst keinen Einfluss aus.

Der Geselle **Dominique Druot**, »nicht gerade fabelhaft intelligent, aber auch nicht völlig dumpfköpfig« (226), behandelt Grenouille herablassend und lässt ihn die körperlich schweren Arbeiten bis zum Ermüden verrichten. Nachdem er erkannt hat, dass Grenouille in der Lage ist, bessere Entscheidungen bei der Arbeit zu treffen als er, verschwindet er öfter in einer Wirtschaft oder im Bett von Madame Arnulfi, um dort seiner Pflicht nachzukommen.

Auch das Leben von Druot endet schließlich überraschend. Angeklagt als Mörder der Jungfrauen, die Grenouille getötet hatte, gesteht er unter der Folter seine Schuld und wird »ohne großes Tamtam« (314) aufgeknüpft.

Richis ist als Geschäftsmann und Vater eine Persönlichkeit »von ungebrochener Vitalität« (253) und ungeheurem Reichtum. Als Witwer denkt er an eine neuerliche Heirat, plant aber zunächst, seine Tochter Laure standesgemäß mit einem Baron zu verheiraten. Für ihn ist dieses Mädchen im Alter von sechzehn Jahren das Kostbarste in seinem Leben. Wenn er Laure schlafend beobachtet, entwickelt er inzestuöse Vorstellungen und bedauert zutiefst, lediglich der Vater, nicht aber ein fremder Mann zu sein, der sich bedenkenlos »an sie, auf sie, in sie legen könnte mit all seiner Begehrlichkeit« (255). Auf der anderen Seite hängt er an Laure nicht nur aus Liebe, sondern sie soll ihm den gesellschaftlichen Aufstieg sichern. Mit ihrer Verheiratung möchte Richis seine eigenen gesellschaftlichen Ziele verwirklichen und seine Macht steigern.

Lebensplanung des Bürgers Richis

Das begehrenswerte Mädchen Laure wird zum Bindeglied zwischen Richis und Grenouille; beide bewundern ihre Schönheit und erwarten sich von ihr einen Impuls für die eigene Entwicklung. Beide gehen im weiteren Verlauf zielstrebig vor und glauben, die Vorsätze des anderen zu kennen. Als analytisch begabter Mensch nimmt Richis an, sich in das Denken seines Gegners hineinversetzen zu können und die Pläne des Mädchenmörders zu durchschauen. So ist er sich sicher, ihn nicht als einen destruktiven, sondern als einen schöpferisch tätigen Menschen ansehen zu dürfen, als jemanden, der sammelt, um mittels der Morde an jungfräulichen Mädchen ein einheitliches Ganzes, gewissermaßen ein Kunstwerk, zusammenfügen zu können. Von diesem rational entwickelten Standpunkt ausgehend, trifft Richis seine Gegenmaß-

Analytisches, rationales Denken

nahmen, um seine Tochter zu schützen. Tatsächlich aber liefert er Laure ihrem Mörder ungeschützt aus, denn er hatte nicht einkalkuliert, dass dieser sich an olfaktorischen Prinzipien orientieren würde.

Richis' Denken ist geprägt von »optischen Kategorien« (259), und seine Planung richtet sich nach den Prinzipien der Aufklärung. Dennoch läuft sein auf den Grundsätzen der Vernunft basierender Plan fehl, woraufhin Richis sich zurückzieht, auf dem Bett der ermordeten Tochter eine Gedenkstätte einrichtet und der Hinrichtung ihres Mörders beiwohnen möchte. Anstatt Grenouille jedoch seinen empfundenen Ekel spüren zu lassen, reagiert er schließlich völlig anders: Angetan vom Parfum Grenouilles, das auch die Duftnote seiner Tochter enthält, fühlt Richis sich zu dem Mörder hingezogen, ist sich sicher, ihn zu lieben und lässt ihn in Laures Bett schlafen. Bei der Beobachtung des Schlafenden empfindet er unendliches Wohlwollen, »Zärtlichkeit, Rührung und die hohle dümmliche Tiefe der Liebenden« (309). Über Richis' weiteres Schicksal, nachdem Grenouille Grasse verlassen hat, erfährt der Leser nichts.

Die Opfer

Die Opfer Grenouilles sind allesamt unberührte Jungfrauen von berauschender Attraktivität und Reinheit. Als Idealbilder tragen sie, bis auf ein Mädchen, keine Namen. Sie werden wegen ihres Duftes ermordet, bevor sie eigentlich richtig zu leben begonnen haben und ihre Persönlichkeit zu entfalten vermochten. Für den Mörder sind die Opfer reine Objekte und dienen ihm, wie die auserlesenen Pflanzen, als Grundstoff zur Herstellung von Parfum.

Das erste Opfer ist ein etwa dreizehnjähriges Mädchen mit roten Haaren, dessen herrlicher Geruch ihm »reine Schönheit« verlieh. In einem abgeschlossenen Hinterhof sitzend, zog Grenouille, bevor er sie erwürgte, die Duftnuancen ihres Körpers in sich ein: »Ihr Schweiß duftete so frisch wie Meerwind, der Talg ihrer Haare so süß wie Nussöl, ihr Geschlecht wie ein Bouquet von Wasserlilien, die Haut wie Aprikosenblüte« (54). Das an jedem Körperteil abgerochene Opfer liefert Grenouille den »Schlüssel zur Ordnung aller anderen Düfte« (50).

Die Düfte weiterer fünfundzwanzig Mädchen dienen ihm Jahre später zur Komposition eines »Duftdiadems« (246). Immer sind es Mädchen, »die gerade erst begonnnen hatten, Frauen zu sein, und immer sind es die schönsten und meist ist es jener dunkle, haftende Typus« (250), deren Duft den Mörder in den Glückszustand der Liebe versetzt. Die Opfer werden blitzartig mit einem Knüppelhieb auf den Hinterkopf gezielt erschlagen, bevor ein Angstzustand ihr Duftbild hätte verschlechtern können. Anschließend werden sie ihres Haares und der Kleidung beraubt, aus denen der Mörder Grundstoffe gewinnt.

Makellose Mädchen liefern Duftnuancen zur Herstellung des »Duftdiadems«

Lediglich das letzte Opfer trägt einen Namen, es ist **Laure**, die sechzehnjährige Tochter des wohlhabenden Bürgers Richis. Auch sie ist, wie das erste ermordete Mädchen, rothaarig und duftet »haarsträubend himmlisch« (217). Als Grenouille sie entdeckt, lässt er sie noch zwei Jahre leben, damit sie sich entwickeln könnte, um dann, bei reifer »Ernte« (219), möglichst viel von ihrem Duft einzufangen. Die Gestalt des wundervollen Körpers ist für den Mörder auch hier nicht von Interesse, sondern allein der körperliche Duft. Wie die anderen Opfer bleibt Laure folglich unberührt.

Deutung des Namens Laure

Der Name dieses Opfers wird unterschiedlich gedeutet. Werner Frizen und Marlies Spancken bringen Laure in einen phonetischen Zusammenhang zum französischen Wort »l'or« (Gold, Aura, Lobpreis)[3], während Wolfgang Delseit und Ralf Drost im Namen Laure eine Anspielung auf Daphne sehen, die in Ovids *Metamorphosen* auf eigenen Wunsch in einen Lorbeerbaum verwandelt wird, um vor den Nachstellungen Apolls geschützt zu sein. Ferner verweist Laure auf den Namen Laura, die Geliebte des italienischen Dichters Petrarca: Ihr Name wurde »zum Synonym für die unerreichbare Geliebte«.[4]

Die Hauptperson

Der Lebensweg von **Jean-Baptiste Grenouille** steht von seiner Geburt am 17. Juli 1738 bis zu seinem Tod am 29. Juni 1767 im Mittelpunkt der Handlung. Grenouille heißt im Französischen »Kröte« oder »Frosch«. Grenouilles Vorname bedeutet übersetzt ›Johannes der Täufer‹, der im Neuen Testament das Kommen Christi ankündigt. Grenouille hingegen kündigt durch die Art seiner Verbrechen eher den Antichristen an.[5]

Um diese zentrale Romanfigur gruppieren sich alle anderen Personen. Grenouille durchläuft in seiner Entwicklung mehrere Phasen, in denen er seine Fähigkeiten weiter ausbildet und entscheidende Schritte einleitet, um nicht nur zum bedeutendsten Parfumeur aller Zeiten, sondern auch zum Gott und zum mörderischen Scheusal zu werden. Dank seiner Genialität vermag er, der über keinen eigenen Körpergeruch verfügt, Gerüche in seinem Lebensbereich zu analysieren und im Gedächtnis zu speichern. Seine Welterfahrung gründet auf einem phänomenalen Geruchsorgan, mit dem er die Umwelt registriert und ordnet. In der sprachlichen Entwicklung Grenouilles zeigten sich Schwierigkeiten, denn mit abstrakten Begriffen wie »Recht«, »Gewissen«, »Gott«, »Verantwortung« hatte er Probleme (33), weshalb sie in seinem Verhalten auch keine Rolle spielen. Er zweifelte an dem Sinn der Sprache überhaupt und nutzte sie im Umgang mit den Menschen nur spärlich. Da er auch nicht schreiben lernen wollte, hielten ihn die Lehrer für geistesgestört (35). Aber wenn er mit einem Gegenstand auch ein Geruchserlebnis, also eine sinnliche Wahrnehmung, verbinden konnte, lernte er sprechen.

Retardierte Sprache

Als Kind empfing er keine Liebe, konnte selbst auch keine empfinden und war infolgedessen unfähig, Liebe zu schenken. Grenouille verfügt von Geburt an über einen unerbittlichen Selbsterhaltungswillen. Selbst karge Mahlzeiten und fehlende liebevolle Zuwendungen hinderten ihn nicht daran, zu gedeihen. Wegen des Umstandes, geruchlos zu sein, wurde er schon in der frühen Kindheit von Erwachsenen und Kindern gemieden, da sie sich vor ihm fürchteten. So wurde er sogar Opfer von Mordanschlägen. Sein Äußeres ist schon im Kleinkindalter abstoßend, später kommen noch in Folge von Krankheiten und Verätzungen weitere Verunstaltungen hinzu.

Grenouille weiß um seine hohe Begabung, weshalb er es sich zum Ziel setzt, ein Genie zu werden und sich selbst dabei als göttliches Wesen anzusehen. Den Schöpfer von »planvollen Geruchsgebäuden« (58) hindert keine Moral daran, kaltblütig junge Mädchen zu ermorden.

Grenouilles speziell ausgeprägtes Interesse an Mädchen

In seinem Leben sind ihm die Menschen als Individuen nicht wichtig, allein die Selbstverwirklichung wird zu seinem höchsten, ja einzigen Lebensziel. Er entwickelt ungeheuere Größenfantasien und Visionen der eigenen Genialität, die teuflische Züge annimmt.

Der Erzähler bezeichnet Grenouille als Zecke, die sich dank ihrer Beharrlichkeit und Genügsamkeit einkapselt, andere aussaugt und auf bessere Zeiten wartet. Von Kindheit an sieht Grenouille es als Aufgabe, seine Umgebung olfaktorisch aufzunehmen, wie ein Tier geruchlich zu erfassen, um später ein perfektes Parfum zu kreieren, das ihm helfen soll, Menschen zu beherrschen. Er bleibt jedoch bei der Erfassung der Welt nicht stehen, Grenouille will die Welt und sich selbst zu einem »omnipotenten Gott des Duftes« (198) umgestalten, um wirkliche Macht über Menschen zu erlangen.

Hiermit wird Grenouille zum Repräsentant der dunklen Seite der Aufklärung, er handelt nicht den Maximen der Vernunft folgend, sondern steht für das Niederträchtige, Triebhafte und Destruktive, das aus seinem Unterbewussten hervordringt. Der Held ist ein herzloser, gefühlsarmer Psychopath ohne Gewissen. »Der geniale Parfumeur erweist sich als gestaltgewordene Dialektik der Aufklärung – als Psychogramm

Repräsentant der dunklen Seite der Aufklärung

der Zerstörung, das Süskind akribisch den prominenten Schlächtern« des 20. Jahrhunderts nachgezeichnet hat.[6] Süskind verdeutlicht aber nicht, an welcher historischen Person er sich bei der Gestaltung seines Scheusals orientierte.

4. Werkaufbau

Der Roman *Das Parfum* wird einsträngig und in vier unterschiedlich umfangreichen Kapiteln erzählt, die vom Leben der Hauptperson Jean-Baptiste Grenouille handeln. Der Entwicklungsgang, den Grenouille durchläuft, wird nur z. T. von außen angeregt, die Lebenskrisen erfolgen von innen heraus, aufgrund einer inneren Dynamik. Die Bildungsfähigkeit Grenouilles ist beschränkt auf die Entfaltung seiner olfaktorischen Begabungen, die ihn als Parfumeur zum Genie heranwachsen und zum Gewaltverbrecher werden lassen.

Lehr-, Wander- und Meisterjahre

Die einzelnen Lebensstationen lassen sich als Lehr-, Wander- und Meisterjahre voneinander abgrenzen, wobei Krisen und erfolgreiche Phasen einander ablösen und die Duftproduktion perfektioniert wird. Einzelne Personen sind diesen Lebensstationen der Hauptperson klar zugeordnet, ebenso die Orte der Handlung.

Fachwissen des auktorialen Erzählers

Der auktoriale Erzähler geht handlungsorientiert vor, gewährleistet die strenge Chronologie durch genaue Zeitangaben und hat immer den Überblick über das Geschehen. Er weist sich als ein gebildeter Mensch aus, kennt die Namen »genialer Scheusale« aus der Geschichte der Französischen Revolution und weiß auf dem Gebiet der Parfumherstellung sehr genau Bescheid. Hierzu gehört auch seine Fähigkeit, chemische und physikalische Ausführungen bei der Destillation genau zu schildern.

Der Erzähler überblickt das Geschehen aus heutiger Sicht

Gliederung des Romans nach Lebensstationen[7]

Erster Teil	Zweiter Teil	Dritter Teil	Vierter Teil
Kapitel 1–22	Kapitel 23–34	Kapitel 35–50	Kapitel 51
»Lehrjahre« 17.7.1738–1756 1.–18. Lebensjahr	»Wanderjahre« 1756–1763 18.–25. Lebensjahr	»Meisterjahre« 1764–1766 25.–28. Lebensjahr	28.6.1767 29. Lebensjahr
Paris	Zentralmassiv der Auvergne (Plomb du Cantal) und Montpellier	Grasse	Paris (Friedhof)
Personen: Amme Jeanne Bussie Pater Terrier Madame Gaillard Gerber Grimal Parfumeur Giuseppe Baldini	Völlige Einsamkeit in der Berghöhle Bezug zwischen der Höhle und der Innenwelt Grenouilles Marquis de la Taillade-Espinasse	Personen: Madame Arnulfi und ihr Geselle Druot Richis und seine Tochter Laure	Deklassierte

und ist somit nicht im Denken der Zeit der Aufklärung verhaftet. Dieses wird u. a. dadurch deutlich, dass er ein Verfahren zur Destillation als sinnlos beurteilt, wenn er kommentiert: »Uns heutigen Menschen, die wir physikalisch gebildet sind, leuchtet das sofort ein« (129).

Der Erzähler überschaut die gesamte einsträngige Handlung. Er kennt das Geschehen und die Biografie der Hauptperson Grenouille, weiß auch über die Aktivitäten der Nebenpersonen Bescheid und gibt deren Inneres preis, ihre Gedankenwelt, ihre Sorgen, Erwartungen und Befürchtungen.

Innere Vorgänge werden aber nicht unmittelbar als innerer Monolog oder als Bewusstseinsstrom wiedergegeben, sondern aus der Distanz durch den Erzähler selbst. Eine direkte Wiedergabe von inneren Vorgängen schließt sich dadurch aus, dass z. B. die Hauptperson wegen ihrer sprachlich wenig entwickelten Fähigkeiten nicht in der Lage ist, Bewusstseinsprozesse zu verbalisieren.

Der Leser wird nicht in den Erzählvorgang mit einbezogen, etwa durch eine Anrede als direkte Kontaktaufnahme.

Erzählte Zeit

Die erzählte Zeit bezeichnet die zeitliche Erstreckung der Handlung über einen längeren Zeitraum, weshalb es vorwiegend bei traditionellen Romanen zum zeitraffenden Erzählen bei der Wiedergabe von Geschehensabläufen kommt. Auch im *Parfum* macht der Erzähler wegen des erzählten Zeitraums von fast drei Jahrzehnten Gebrauch von Zeitraffungen und Zeitsprüngen. Besonders in Dialogen kommt es aber an einigen Stellen zu einem zeitdeckenden Erzählen.

Die Nebenfiguren, mit denen sich Grenouille auseinander setzt, treten nur in bestimmten Lebens- und Entwicklungsphasen in Erscheinung und gruppieren sich um die Hauptperson:

Leibliche Mutter	Jeanne Bussie Pater Terrier Madame Gaillard	Gerber Grimal
Giuseppe Baldini	**Jean-Baptiste Grenouille**	Marquis de la Taillade-Espinasse
Madame Arnulfi und Geselle Dominique Druot		Antoine Richis und Tochter Laure

5. Wort- und Sacherläuterungen

Zu dem Roman *Das Parfum* liegt in der Reclam-Reihe *Erläuterungen und Dokumente* ein ausführlicher Kommentar, auch zu den zahlreichen historischen Namen und Ereignissen des Romans, von Wolfgang Delseit und Ralf Drost vor.

Der Begriff **»Parfum/Parfüm«** leitet sich aus dem lateinischen »per fumum« ab, was mit »durch den Rauch« übersetzt werden kann. Parfümöle wurden im sakralen Bereich eingesetzt, im weltlichen Bereich war Parfüm bereits im alten Ägypten sowie im klassischen Griechenland und Rom bekannt.

5,5 ff. Die Namen von Figuren verwendet Süskind z. T. als **»sprechende Namen«**, d. h., er charakterisiert durch die Namengebung einzelne Personen: Grenouille (frz.) bedeutet: Frosch bzw. Kröte, der Vorname der Hauptperson, Jean-Baptiste, heißt übersetzt: Johannes der Täufer. Im Neuen Testament kündigt Johannes der Täufer das Kommen von Jesus Christus an, Grenouille jedoch kündigt durch seine Verbrechen eher den Antichristen an. Die Verbindung von Vor- und Nachnamen verweist auf etwas Unheilverkündendes, da Kröten und Frösche im Christentum für das Böse stehen.
Immoralität: Gleichgültigkeit gegenüber moralischen Werten und Grundsätzen.

6,27 **infernalisch:** höllisch.

6,29 **Cimetière des Innocents:** (frz.) Friedhof der Unschuldigen.

7,1 **Kadaver:** toter, verwesender Tierkörper.

7,3 **Beinhäusern:** Friedhofsbauten zur Aufbewahrung von ausgegrabenen Gebeinen, besonders in Gebirgsgegenden üblich.

7,11 **Katakomben:** unterirdische Begräbnisstätten.

7,13 **Viktualien:** veraltete Bezeichnung für Lebensmittel.

7,20 **Brodem:** Dunst, der einen üblen Geruch verbreitet.

10,32 **expedieren:** absenden, (Güter) befördern (hier ironisch).

11,2 **Behuf:** Zweck.

11,8 f. **Pater:** katholischer Geistlicher.

13,13 **Sprengel:** Bezirk, der einem Geistlichen zum Ausüben seines Amtes zugeteilt ist (von mhd. Sprengel ›Weihwasserwedel‹).

13,29 **Prior:** Vorsteher eines Mönchsklosters; Stellvertreter eines Abtes.

17,3 **Topfen:** (bayr., österr.) Quark.

17,6 **Galette:** flacher Kuchen aus Blätterteig.

20,10 **Erinnyen:** weibliche Rachegeister (Furien).

22,1 **hutschte:** (bayr., österr.) schaukelte.

24,2 **Animal:** (lat.) Tier.

24,28 f. **extra muros:** (lat.) außerhalb der Mauern.

24,32 **Soutane:** knöchellanges Obergewand des katholischen Geistlichen.

26,25 **Sol:** französische Bezeichnung für den karolingischen Solidus (Schilling); zuerst Rechnungsmünze, die 1/20 Livre (Pfund) entsprach; seit 1266 als Silbermünze ausgeprägt, im 18. Jh. als Kupfermünze (mit der Bezeichnung Sou).

27,4 **Marge:** Spanne.

27,28 **hatschen:** (bayr., österr.) hinken.

29,1 **vegetativ:** pflanzlich, pflanzenhaft; unbewußt.

30,1 **monströse:** scheußliche, furchterregende.
31,14 **Pelargonie:** Geranienart.
31,17 **Filles de la Croix:** (frz.) Töchter vom Kreuz.
32,23 **Pinocchio:** Hauptfigur des italienischen Kinderbuches *Le aventure di Pinocchio (Die Abenteuer des Pinocchio*, 1883) von Carlo Collodi.
33,17 **olfaktorische:** den Geruchssinn betreffende.
37,28 **Lohen:** zerkleinerte Rinde (bes. von Eichen oder Fichten) zum Gerben.
39,5 **transzendentaler:** transzendental: die Grenzen der sinnlich erkennbaren Welt überschreitend; hier vor allem im Sinne von ›religiös‹ gebraucht.
39,27 **säkularer:** weltlicher.
42,20 **Karbunkel:** mehrere dicht beieinander liegende Furunkel.
45,5 **Quendel:** in Polstern wachsender, niedriger Thymian mit aromatisch duftenden, kleinen Blättern und zahlreichen weißen bis karminroten Blüten.
47,11 **Hôtel de Ville:** Rathaus der Stadt Paris.
47,28 **Moschus:** Sekret aus dem sexuell anregenden Duftstoff des Moschustieres (Familie der Hirsche).
47,29 **Neroli:** Bitterorangenblüte.
Tuberose: Agavengewächs.
47,29 **Joncquille:** Narzisse.
47,31 **Equipagen:** elegante Kutschen.
47,32 **profane:** hier: alltägliche.
48,14 **Amber:** Stoffwechselprodukt des Pottwals.
Zibet: Drüsensekret der Zibetkatze.
Patschuli: Patschulipflanze, Gattung der Lippenblütler.
48,14 f. **Bergamotte:** Rautengewächs mit süßlich riechenden Blättern.
48,15 **Vetiver:** tropisches Gras.

Opoponax: aus der Opopa(!)naxpflanze gewonnenes Gummiharz.
Benzoe: wohlriechendes Harz des Benzoebaums.
48,16 **Bibergeil:** Drüsensekret des Bibers.
49,9 **Dauphin:** Titel des französischen Thronfolgers.
49,14 **Petarden:** (frz.) mit Sprengpulver gefüllte Metallgefäße.
55,14 **apotheotische:** Apotheose; Erhebung eines Menschen zum Gott.
59,13 **Ebenisten:** Kunstschreiner.
60,3 **Frangipaniwasser:** Saft der Frangipani, eines prachtvollen mittelamerikanischen Zierstrauches.
60,17 **Essences absolues:** reine konzentrierte (Duft-)Stoffe.
60,21 **Sachets:** Duftsäckchen aus Seide oder Leinen, die man in der Tasche bei sich trug.
Bandolinen: Haarbänder aus Leinen.
61,8 f. **Potpourris:** verzierte Porzellanvasen mit durchlöchertem Deckel, in der duftende Kräuter aufbewahrt werden.
61,28 **fortissimo:** (ital.): sehr laut.
62,11 **klaustrophobischen:** (frz.) Klaustrophobie: krankhafte Angst vor dem Aufenthalt in geschlossenen Räumen.
64,20 **statuarisch:** statuenhaft.
69,11 **Castoreum:** Bibergeil (s. Anm. 48,16).
69,17 f. **Bouquet de la Cour:** (frz.) Bouquet des Hofes.
70,10 **Alambic:** Bottich zum Destillieren.
70,29 **Heliotrop:** Strauchpflanze.
71,6 **Concrète:** Produkt der Extraktion mittels leichtsiedender Lösungsmittel, vorzugsweise Petroläther und Benzol.
71,16 **Subordination:** Unterordnung.

71,32 **prometheische Tat:** Prometheus (griech., der ›Vorausdenkende‹) lehnte sich gegen die Herrschaft der Götter auf und stahl ihnen das Feuer aus dem Himmel.

72,25 **Commerçant:** (frz.) Geschäftsmann.

73,18 **Livres:** Livre: Name einer Rechnungsmünze (Pfund), die 20 Sols entsprach und bis zur Einführung des Franc 1795 galt.

73,32 f. **Traktate:** schriftliche Behandlung eines religiösen, moralischen oder wissenschaftlichen Problems.

74,22 **perfide:** niederträchtige.

79,29 **Elogen:** (frz., Pl. von *Eloge*) Lobreden.

81,7 **ambitiösen:** ehrgeizigen.

83,24 f. **Ultra posse nemo obligatur:** (lat.) Niemand ist über seine Fähigkeit hinaus verpflichtet.

83,30 **Sentbons:** Riechtüchlein.

84,28 f. **Louisdor-Stücken:** (frz.) Goldstücken.

86,16 **subalterne:** unterwürfige, untertänige.

86,17 **devoter:** unterwürfiger.

87,27 **Maître:** (frz.) Herr, Lehrer, Meister.

89,10 **Manual:** mit den Händen zu bedienende Tastatur.

90,10 **Protektion:** Begünstigung.

91,11 **Falzbein:** Gerät zum Abheben dünner Schichten auf der Fleischseite von Tierhäuten, um die Dicke des Leders auszugleichen.

91,21 **Pistill:** Stößel.

92,20 **Chuzpe:** (jidd.) Unverschämtheit.

94,5 **Storax:** Balsam aus dem Styraxbaum gewonnen.

96,16 f. **eruptiven:** hervorbrechenden.

98,4 f. **Ingredienzen:** Zutaten.

101,32 **Suada:** Redeschwall.

105,21 **pritschle:** platsche, plätschere.

106,25 **präpotente:** freche.

108,26 **aerieren:** der Windeinwirkung aussetzen.

112,13 **›Nuit Napolitaine‹:** (frz.) ›Neapolitanische Nacht‹.

112,20 **Notre-Dame:** gotische Kathedrale auf der Ile de la Cité, traditioneller Krönungsort der französischen Könige.

112,27 **Tour d'Argent:** (frz.) Silberturm, Geldturm. Der ›sprechende‹ Name der Gaststätte deutet hier den neuen Reichtum Grimals an.

113,19 **Lion d'Or:** (frz.) Goldener Löwe.

115,9 **Intendant:** wichtiger Verwaltungsbeamter in den Provinzen.

116,8 f. **Charité:** (lat. *caritas:* Barmherzigkeit), früher übliche Bezeichnung der Kranken- und Pflegeanstalten für Bedürftige.

118,28 **Argusaugen:** nach dem hundertäugigen Riesen Argos der griechischen Sage ein scharf und misstrauisch beobachtender Blick.

120,29 **Komment:** Brauch, Sitte.

122,14 **Kaskarillarinde:** westindisches Gewürz.

122,20 **Belladonnaauszug:** aus der Tollkirsche gewonnenes Schönheitsmittel.

122,21 **Spanischfliegensalbe:** Salbe, die aus einer bestimmten Art des Ölkäfers gewonnen wird und als sexuell anregend gilt.

123,10 **digerieren:** ausziehen.

123,17 **Infusionen:** hier: Infuse, Aufgüsse aus zerkleinerten, mit kochendem Wasser übergossenen und anschließend aufgekochten Pflanzenteilen.

123,18 **klarifizieren:** reinigen.

123,18 f. **rektifizieren:** wiederholt destillieren.

126,12 **Camisards:** Kamisarden, Calvinisten in den Cevennen, im Südosten Frankreichs, die sich 1702–1705 gegen die Zentralgewalt erhoben.

126,19 **Mistral:** kalter Nordwestwind, der in Südfrankreich auftritt.

128,14 **Maische:** stärke- und zuckerhaltige Gemische, die man für alkoholische Gärprozesse vorbereitet.

131,10 **Manufaktur:** frühe Form des kapitalistisch industriellen Großbetriebs, in dem Produkte vorwiegend durch Handarbeit hergestellt wurden. Der Produktionsprozess ist bereits gekennzeichnet durch Spezialisierung und Arbeitsteilung.

131,11 **en gros:** (frz.) in großen Mengen.

131,12 **Flakons:** kleine Gefäße für Parfum.

131,26 **Passepartout:** (frz., ›etwas, das überall passt‹) hier: Ausweis.

132,13 f. **ziselierter:** mit in Metall eingearbeiteten Ornamenten.

133,15 **in stadio ultimo:** (lat.) im Endstadium.

133,16 **Schnepper:** Schnäpper: lanzettförmige Nadel zur Entnahme von Blut, die durch Auslösen einer Feder nach vorne schnellt.

133,21 **pestilenzartige:** pestartige.

133,24 **Kuriosum:** sonderbare, merkwürdige Sache.

135,20 **moribunden Körper:** im Sterben liegender Körper.

137,2 **enfleurage:** (frz.) Verfahren zur Duftstoffgewinnung, Ausziehen feiner Blütendüfte.

140,18 **profunde:** tief gehende, umfassende.

142,5 **konziliant:** entgegenkommend, umgänglich, freundlich.

142,9 f. **exploitiere:** beute, nutze aus.

143,6 **sinistren:** düstren.

144,8 **stornieren:** einen Auftrag rückgängig machen.

147,14 **Simplizität:** Einfachheit.

148,10 **konstitutionelle:** verfassungsmäßige.

148,13 f. **sporadisch:** gelegentlich.
151,32 **Odelgestank:** Jauchegestank.
154,9 **homogene:** gleichartige, -mäßige.
154,26 **Euphorie:** Zustand optimistischer Begeisterung. **Odium:** Anrüchigkeit.
156,2 **Gourmet:** (frz.) Feinschmecker.
158,25 **Odeur:** Duft.
159,12 **orgiastischer:** wollüstiger.
159,19 **sublimer:** erhabener, feiner.
159,26 **Extinktion:** Tilgung.
160,17 **façon de parler:** (frz.) Redensart.
160,23 **Siesta:** Mittagsruhe.
160,28 **lasziven:** sinnlichen.
162,6 **Myriaden:** unzählig große Menge.
164,7 **chez soi:** (frz.) Zuhause.
166,2 f. **exterminierten:** ausgerotteten, vertriebenen.
167,20 **Exzesse:** Ausschreitungen.
168,4 **raß:** beißend.
177,29 **Taillade-Espinasse:** ein »sprechender Name«: frz. *taillade* heißt ›Schnitt‹. Wie ein Schneider, der aus dem Stoff anhand eines passenden Schnitts Kleidung herstellt: Kleider, die »Leute machen«. Taillade übernimmt die Aufgabe, Grenouille in die Gesellschaft einzuführen, allerdings aus egoistischen Beweggründen.
178,16 **animalo-vegetabiles:** tierisch-pflanzliches.
178,28 **Biosphäre:** Gesamtlebensraum der Erde.
179,4 **fluidum letale:** (lat.) tödliche Ausstrahlung.
180,18 **Trouvaille:** (frz.) glücklicher Fund, hier: glücklicher Einfall.
180,32 **Freimaurerloge:** Lokalgruppe der Freimaurer. Im 18. Jh. galten die Freimaurer neben den Rosenkreuzern als die Geheimgesellschaft schlechthin. Ihre humanitäre

Lehre wird wesentlich von mystischen und symbolistischen Elementen bestimmt.

181,15 **Gaskarzinom:** bösartige Geschwulst, angeblich durch Erdgas verursacht.

182,10 f. **defilierte:** zog feierlich vorbei.

183,14 **Provenienz:** Herkunft, Ursprung.

183,29 **coiffierte:** frisierte.

183,32 **Jabot:** am Kragen befestigte Spitzenrüsche.

184,6 **Karmesin:** roter Farbstoff der Schildlaus.

184,30 **dato:** (lat.) heute.

187,25 **Applikation:** Anwendung.

191,3 **Aura:** Ausstrahlung, Wirkungskraft.

191,5 **Chiffre:** geheimes Zeichen.

191,13 **Brodem:** üblen Geruch ausströmender Dunst oder Dampf.

193,2 **latente:** vorhandene, aber nicht in Erscheinung tretende.

193,22 **unvirulenter:** nicht aktiver.

193,24 **applizierte:** anwandte, auftrug.

198,27 **omnipotente:** allmächtige.

199,7 **kategorisch:** keinen Widerspruch duldend.

199,12 f. **euphorischer:** übertrieben zuversichtlicher.

199,30 **Surrogat:** Ersatzmittel.

200,19 **Diätetik:** Lehre von der richtigen Ernährung.

201,5 **tonisiert:** gestärkt.

201,9 f. **in conspectu universalitatis fluidi letalis:** (lat.) in Ansehung der allgemein todbringenden Ausdünstung.

201,18 **Proselyten:** Proselyt: jemand, der neu bekehrt wurde.

202,3 **fulminanter:** ausgezeichneter, prächtiger.

202,30 **Evidenz:** unmittelbare und völlige Einsichtigkeit.

204,2 **frenetischen:** stürmischen, leidenschaftlichen.

204,4 **orthodoxen:** der strengen Lehrmeinung gemäßen.
204,11 **Ovationen:** begeisterter Beifall.
205,3 **inhalierten:** einatmeten.
205,20 **mondänen:** vornehmen.
Faible: (frz.) Vorliebe, Schwäche.
206,27 **Adepten:** ein in Geheimnisse Eingeweihter.
206,28 **Pic:** (frz.) Bergspitze.
206,29 **Meridian:** Längenkreis.
207,3 **kregler:** körperlich und geistig beweglicher, munterer.
207,32 **okkulten:** verborgenen, geheimen.
210,6 **Maritimes:** das Meer Betreffendes.
213,25 **camouflierten:** getarnten.
Palazzi: (ital.) Paläste.
214,13 **transpirierten:** ausdünsteten, schwitzten.
216,16 **unsignifikantem:** unbedeutendem, unbestimmtem.
217,12 **voluminös:** umfangreich, stark.
219,17 **Patron:** Herr.
219,23 **prekäre:** schwierige.
220,2 **Kabane:** fensterlose Hütte.
221,7 **Lot:** kleine Gewichtseinheit (urspr. Gewicht aus Blei von etwa 16 g).
222,13 **Mazeration:** Verfahren der Duftgewinnung.
224,5 **Lavage:** Auswaschung.
224,25 **dezentestem:** hier: kleinstem.
226,11 **Metamorphose:** Umgestaltung, Verwandlung.
226,23 **Attitüde:** innere Haltung, Einstellung.
226,30 **justament:** (veralt.) gerade, genau.
227,7 **präponderante:** überwiegende, vorherrschende.
227,28 **fragilem:** zerbrechlichem, zartem.
228,17 **Huile Antique de Tubéreuse:** (frz.) Tuberosenöl klassischer Art.

228,23 **cum grano salis:** (lat.) mit einem Körnchen Salz, nicht ganz wörtlich zu nehmen, mit einer gewissen Einschränkung.

228,29 **Eklatante:** Auffällige, Offenkundige.

229,4 **Düpierung:** Täuschung.

230,17 **rektifizierte:** reinigte, berichtigte.

230,27 **korporativen:** körperschaftlichen.

232,25 f. **aura seminalis:** (lat.) Geruch der Männlichkeit.

233,11 **Vettel:** (Schimpfwort) ungepflegte, schlampige ältere Frau.

233,25 **Repellents:** chemische Stoffe, die ohne zu schädigen abstoßend wirken.

234,1 **subtilen:** sorgfältigen, feinen.

235,32 **Koben:** Verschlag, Stall.

238,23 **Hospiz:** christliche Herberge für Reisende.

238,25 **Säcklergesellen:** Säckler: Handwerker, der Lederhosen und -taschen herstellt.

238,32 **Weingeistsolution:** Weingeistlösung.

239,2 f. **Miasmen:** einer früheren Annahme entsprechend Krankheiten auslösende Stoffe in der Luft oder in der Erde.

240,11 **avancierte:** aufstieg.

240,25 **Kassien:** Kassia: als Baum, Strauch oder Kraut wachsende Pflanze mit gefiederten Blättern, kleinen, meist gelben Blüten und röhrenförmigen oder flachen Hülsen als Früchten.

241,15 **legiert:** verbunden, verschmolzen.
pastosen: dickflüssigen.

244,16 **lapidare:** knappe.

245,1 **fatalistisch:** schicksalsgläubig.

245,30 **ephemeren:** einen Tag dauernden, kurzlebigen, flüchtigen.

245,31 **Labdanum:** aus Zistrosen, einer besonders im Mittelmeergebiet beheimateten Pflanze, gewonnener Duftstoff.

246,3 **fragilsten:** zerbrechlichsten, zartesten.

246,21 **Adjuvantien:** (Pl.) Gehilfen.

249,18 **obskuren:** fragwürdigen.

251,10 **virginalen:** jungfräulichen.

251,29 **Monseigneur:** Titel und Anrede hoher Geistlicher und Adliger in Frankreich.

253,15 **Richis:** ein »sprechender Name«: frz. *riche* heißt ›reich‹.

253,25 **Reputation:** Ansehen, guter Ruf.

254,10 **via:** (lat.) durch, über.

254,15 **Nobilität:** allgemeine Bezeichnung für den Adel.

254,19 **Latifundien:** große Landgüter.

257,11 **Avancen:** Avancen machen: jemandem, der für einen wichtig oder nützlich ist, in bestimmter Weise entgegenkommen, um ihn für sich zu gewinnen.

259,7 **blasphemischen:** gotteslästerlichen.

260,27 **mutatis mutandis:** (lat.) mit den nötigen Abänderungen.

262,16 **austrosardischen:** österreich-sardischen.

262,22 f. **Domestiken:** Hausgenossen, -angestellten.

263,27 **archaischen:** altertümlichen, frühgeschichtlichen.

265,32 **defloriert:** entjungfert.

267,11 **Digerieren:** (chem.) das Herauslösen löslicher Anteile.

269,4 **en passant:** (frz.) beiläufig.

271,6 **Schimäre:** Trugbild.

271,19 f. **L'hombre:** Lomber: Kartenspiel für drei bis fünf Personen mit französischen Karten.

282,9 f. **virulent:** drängend, heftig.

283,25 **approbierte:** bestätigte (von der Obrigkeit, dem Staat).

283,31 **magnetisierten:** hier vermutlich im Sinne des Mesmerismus gebraucht, einer nach dem deutschen Arzt Franz Anton Mesmer (1734–1815) benannten Therapie, die von der Annahme ausgeht, es gebe dem Menschen innewohnende heilende magnetische Kräfte.

283,32 **fluidale:** hier in Bezug auf Fluidum: besondere, von einer Person oder Sache ausgehende Wirkung, die eine bestimmte Atmosphäre schafft.

284,3 **telepathisch:** auf dem Wege des Gedankenlesens.

284,6 f. **permanenten:** ständigen.

284,22 **Vogteien:** Verwaltungsbezirke auf Reichs- oder Landesebene.

284,32 **ominösen:** berüchtigten.

286,6 **Denunziationen:** Anzeigen aus niedrigen Beweggründen.

289,26 **Prévôté:** (frz.) Gendarmerie.

290,15 **Pinten:** Flüssigkeitsmaß; ein englisches/amerikanisches Pint entspricht 0,568 l, eine italienische Pinta 1,574 l.

292,29 **Cours:** (frz.) hier: Platz.

292,30 **Schafott:** meist erhöhtes Gerüst, auf dem Hinrichtungen vorgenommen wurden.

293,6 **exorbitanten:** außerordentlichen, enormen.

293,18 **Delinquenten:** Angeklagten, Übeltäter.

293,30 **Feiertagshabit:** Feiertagskleidung.

293,32 **Militärcharge:** Charge: Rang.

294,5 **post festum:** (lat.) nach dem Fest, danach.

294,8 **Seance:** spiritistische Sitzung mit einem Medium.

294,23 **Defilee:** parademäßiger Vorbeimarsch.

296,31 **Andreaskreuz:** Kreuz in X-Form, benannt nach

dem Apostel Andreas, der an ein solches Kreuz geschlagen wurde.

297,19 **Ornat:** feierliche Amtstracht.

298,16 **livrierten:** mit einer Dieneruniform bekleideten.

300,31 **liquide:** flüssig.

300,32 **amorpher:** gestaltloser.

301,7 **Lakai:** Diener.

301,9 **prostrativen:** sich niederwerfenden.

301,23 **Veitstanz:** mit Muskelzuckungen verbundene Nervenkrankheit.

301,25 **Honoratioren:** aufgrund ihres sozialen Status besonders angesehene Bürger.

303,19 **Bacchanal:** ausschweifendes Fest.

304,2 **infernalisch:** höllisch, unerträglich.

309,22 **kassiert:** aufgehoben (Rechtsprechung).

312,7 **Exzeß:** Ausschweifung.

313,14 **una anima:** (lat.) einhellig.

318,15 **Desperados:** Abenteurer, Banditen.

318,18 **Arkaden:** Bogenreihen.

319,8 f. **rabiater:** wilder.

6. Interpretation

Der Roman des im Erscheinungsjahr sechsunddreißigjährigen Patrick Süskind entwickelte sich bereits nach kurzer Zeit zu einem Welterfolg. Der Autor, der nicht allein einen Mörder, sondern ein Monster in das Zentrum der Handlung gesetzt hatte, traf den Nerv der Zeit. Die Kritiker verwiesen auf die außergewöhnliche inhaltliche Gestaltung des packenden Duft- und Geruchsmotivs und auf die glänzende stilistische Leistung.

Bestseller trifft den Nerv der Zeit

Geschildert wird der Lebensweg der Hauptgestalt Grenouille von der Geburt im Jahre 1738 bis zu seinem Tod 1767. Süskind vermittelt jedoch nicht allein den äußeren Lebensweg Grenouilles, sondern auch dessen innere, geistige Entwicklung, weshalb es nahe liegt, das Werk dem Typus des Entwicklungs- oder Bildungsromans zuzuordnen. Beide Bezeichnungen sind terminologisch nicht exakt voneinander abzugrenzen. Beschrieben wird der äußere Lebensweg der Hauptperson, oftmals von der Geburt bis zum Tod, aber auch ihre innere Entwicklung als Selbstfindungsprozess, ihre stetige harmonische Bildung, die bis zur Vervollkommnung, zur Reife, führt. In der Auseinandersetzung des Individuums mit der äußeren Realität kommt es häufig zur Versöhnung seiner individuellen Ansprüche mit der sozialen Welt, wobei die Entwicklung des Subjekts auf seiner persönlichen Autonomie beruht. Der Romantyp vollzog allmählich den Wandel von der Schilderung vorwiegend äußerer Ereignisse hin zur Darstellung eines inneren Entwicklungsgangs.

Genre des Entwicklungs- und Bildungsromans

Als Genre entstand der Bildungs- bzw. Entwicklungsroman erst in der zweiten Hälfte des 18. Jahrhunderts, in der Zeit, in die Süskind seine Romanhandlung legte. Voraussetzung für die Entstehung des Bildungsromans war die Entdeckung der Individualität des Menschen und die damit verbundene Erkenntnis, dass das Individuum dank seiner Persönlichkeit und der äußeren Einflüsse einen speziellen (Bildungs-)Prozess durchlaufe. Im Endstadium dieses Prozesses, nach Erlangung der Reife, spiegelt sich im Protagonisten das Idealbild seiner Epoche wider. Goethes *Wilhelm Meisters Lehrjahre* (1795/96), aber auch Christoph Wielands *Geschichte des Agathon* (1767/94) oder Joseph von Eichendorffs *Ahnung und Gegenwart* (1815) gelten allgemein als typische Beispiele dieses Romantyps. Süskinds Werk fehlt nun jedoch fast alles, was die klassischen Werke humanistischer Prägung ausmacht. Grenouille durchläuft zwar alle Phasen einer Entwicklung, die Lehr- und Wanderjahre bis hin zu den Meisterjahren, und stets hat er sein Bildungsziel klar vor Augen, um am Ende zur Vervollkommnung zu gelangen. Dieses Ziel besteht allerdings nur darin, ein besonderes Parfum zu kreieren, das er seinen Mitmenschen nicht zur Verfügung stellen will, sondern das ihm allein dazu dienen soll, Macht über Menschen auszuüben und ihn selbst zu einem Gott zu machen. Die Bildungsfähigkeit ist enorm eingeschränkt. Am Ende entwickelt sich das Ich zu einem Massenmörder, zu einem Monster. Grenouille erlangt zwar im Endstadium die Vollkommenheit, die er anstrebte, in ihm spiegelt sich jedoch nicht das Leitbild der Aufklärung und der Klassik wider, deren Idealbild wird für erledigt erklärt. Das

Idealbild der Aufklärung ist erledigt

hier entwickelte Menschenbild orientiert sich nicht am antiken Ideal von Harmonie und Schönheit, nicht an Gefasstheit und Kontemplation, wie in der Blütezeit des Bildungsromans.

Genre des Kriminalromans

Als Untertitel taucht die Bezeichnung »Geschichte eines Mörders« auf, was auf einen typischen, chronologisch erzählten Kriminalroman hinweist. Beim Kriminalroman sind dem Leser von Anfang an der Täter und das Verbrechen bekannt. Im Mittelpunkt steht hier nicht der Detektiv, sondern der Verbrecher, der im *Parfum* geniale Züge aufweist. Süskind verzichtet darauf, der Sozialisation des Täters größeren Raum zu gewähren oder dem Milieu, aus dem er kommt, eine größere Bedeutung zuzuschreiben, geleitet wird der monströse Mörder vielmehr durch ererbte Anlagen: Grenouille »war von Beginn an ein Scheusal« (28). Die Morde selbst sind für ihn Mittel zum Zweck.

Der erste Mord wird für Grenouille zu einem Schlüsselerlebnis, nachdem sich seine außerordentliche naturgegebene Begabung, die mit unheimlichen Kräften verbunden ist, auf dem Gang durch die entleerten Straßen von Paris zeigt. Angezogen von einem wunderschönen Duft, der von einem jungen Mädchen ausgeht, das im Garten sitzend Mirabellen entkernt, will Grenouille diesen Duft unbedingt in seinen Besitz bringen, nähert sich unbemerkt dem Mädchen, erfasst ihren Duft präzise, um es dann kaltblütig zu erwürgen, allein von der Sorge getrieben, etwas von ihrem Duft könnte verloren gehen. Der tote Körper überschwemmt ihn dann mit Wohlgeruch, den er mit seiner Nase gierig aufsaugt. »Er roch sie ab vom Kopf bis an die Zehen, er sammelte die letzten Reste ihres Dufts am Kinn, im Nabel und in den Falten ihrer Armbeuge« (56). Grenouille erhält durch den Duft dieses Mädchens einen Schlüssel zur Anordnung aller Düfte, zugleich bekommt sein Leben durch den Duft des Opfers einen Sinn: Der Protagonist hat nun ein lohnendes Ziel deutlich vor Augen, er will vollkommen werden und seine Mitmenschen beherrschen.

Seine Persönlichkeitsentwicklung verläuft in Schüben, jetzt, nach diesem Mord, steht Grenouille am Anfang, nun kann sich die Vision seiner eigenen Genialität ausbilden. Er zittert vor Glück, ihm ist, als »würde er zum zweiten Mal geboren, nein, nicht zum zweiten, zum ersten Mal, denn bisher hatte er bloß animalisch existiert in höchst nebulöser Kenntnis seiner selbst. Mit dem heutigen Tag aber schien ihm, als wisse er endlich, wer er wirklich sei: nämlich nichts anderes als ein Genie« (57). Grenouille will von nun an »der größte Parfumeur aller Zeiten werden« (ebd.). Dieses erste Gewaltverbrechen stellt den Auftakt zu weiteren Morden an jungen Frauen dar.

Süskinds *Parfum* ist jedoch kein Roman, in dem die Serienmorde im Vordergrund stehen. Wer sich bei der Lektüre allein für diese Bluttaten interessiert, verliert Wesentliches aus den Augen. Auch fesseln Grenouille die wunderschönen Körper der Mädchen nicht im Mindesten, sein Interesse gilt allein dem Duft seiner Opfer und dem Erreichen seines Ziels, weshalb Grenouille sie gezielt auswählt.

Liebe spielt in Grenouilles Leben eine besondere Rolle. Die geruchlose Hauptperson, ein Mensch ohne Seele, hat menschliche Liebe nie erfahren, er hasst seine Mitmenschen und erfährt beim Morden eine positive, herrliche Wechselwirkung von Gerüchen und Gefühlen. Er erlebt ein Liebes- und ein Glücksgefühl nur als Mörder, nur dann, wenn er seine Nase benutzen kann. Liebe ist in

Liebe wird zum mörderischen Reflex

diesem Roman nicht mit Verehrung und Wertschätzung eines Partners verbunden, sondern reduziert sich auf ein einfaches Schema von Duftreiz und Reaktion, Liebe wird zu einem elementaren und mörderischen Reflex.

Süskind geht es nun darum, die Genese dieser narzisstischen Persönlichkeit aufzuzeigen. Er will dabei aber nicht stehen bleiben, sondern möchte ausmalen, welche Folgen die Persönlichkeitsentwicklung nach sich ziehen kann, wenn das Ziel die völlige Autonomie bedeutet.

Autonomie als höchstes Lebensziel

Grenouille ist zwar ein Serienmörder, aber Süskind stellt ihn primär als eine narzisstische Persönlichkeit dar, die Selbstverwirklichung und Autonomie als höchste Lebensziele erstrebt. Der Wille zur Selbstverwirklichung, bis heute für viele Menschen eine Lebensregel, ist in der Aufklärung, in der Süskinds Roman spielt, entstanden. Grenouilles Vorsatz lautet, seine genialen Fähigkeiten zu entwickeln, um die Welt zu revolutionieren: Er will »ein Schöpfer von Düften« werden (58).

Mit der Aufklärung wurde die bis dahin anerkannte Weltanschauung, die den Menschen innerhalb einer von Gott geschaffenen Ordnung sah, überwunden und dem Menschen eine neue Position zugewiesen. Als schöpferisches Individuum, als Genie, schien der Mensch kraft seiner Autonomie aus sich selbst heraus zu schaffen und war somit folglich von allen Beschränkungen durch Konventionen befreit. Süskind bringt seinen Protagonisten Grenouille in diese Geniebewegung des 18. Jahrhunderts hinein. Damit stellt er einen neuen Zusammenhang her und beleuchtet auch Züge der heutigen Gesellschaft. In unserem heutigen

Grenouille als Repräsentant der Aufklärung und der Geniebewegung des 18. Jahrhunderts

Sprachgebrauch ist das Genie als ein überdurchschnittlich schöpferisch oder geistig begabtes Individuum eher harmlos, aber Süskind weist gleich am Anfang seines Romans mit Grenouille auf den Zusammenhang mit dem Schauderhaften hin. In den ersten Zeilen heißt es: »Im achtzehnten Jahrhundert lebte in Frankreich ein Mann, der zu den genialsten und abscheulichsten Gestalten dieser an genialen und abscheulichen Gestalten nicht armen Epoche gehörte. Seine Geschichte soll hier erzählt werden. Er heißt Jean-Baptiste Grenouille, und wenn sein Name im Gegensatz zu den Namen anderer genialer Scheusale, wie etwa de Sades, Saint-Justs, Fouchés, Bonapartes usw., heute in Vergessenheit geraten ist, so sicher nicht deshalb, weil Grenouille diesen berühmteren Finstermännern an Selbstüberhebung, Menschenverachtung, Immoralität, kurz an Gottlosigkeit nachgestanden hätte, sondern weil sich sein Genie und sein einziger Ehrgeiz auf ein Gebiet beschränkte, welches in der Geschichte keine Spuren hinterläßt: auf das flüchtige Reich der Gerüche« (5). Hier führt Süskind wichtige Repräsentanten der Französischen Revolution als überhebliche Finstermänner und menschenverachtende Scheusale an, aber der Autor hat seinen Protagonisten nicht in die Zeit der Französischen Revolution versetzt, sondern in die Zeit der Aufklärung, deren Erkenntnisprozess das Wirken der französischen Revolutionäre erst ermöglichte.

Allmacht des Individuums

In der Epoche der Aufklärung erhoben zeitgenössische Dichter und Philosophen die Vernunft zum einzigen Maßstab menschlichen Handelns und Urteilens und erklärten das subjektive Ich zum Schöpfer der Geschichte und der Welt. Etwas Höheres als die Allmacht des Individuums anzuerkennen, hatten sich die Repräsentanten der Aufklärung gesträubt; sie befreiten die Menschen gleichsam auch von der göttlichen Autorität. Süskind, mit der Geschichte der Aufklärung sehr vertraut, setzt nun ein Monster in den Mittelpunkt der Handlung, einen Menschen, der sich als der »omnipotente Gott des Duftes« (198) gottüberlegen wähnt, dessen Streben nach dem Absoluten aber schließlich zum Massenmord führt. Grenouille vertritt das Dämonische und Zerstörerische des »Zeitalters der Vernunft«. »Der geniale Parfumeur erweist sich als gestaltgewordene Dialektik der Aufklärung – als Psychogramm der Zerstörung, das Süskind akribisch den prominenten Schlächtern dieses Jahrhunderts nachgezeichnet hat.«[8]

Wenn der Bezug zur Aufklärung hergestellt wird, dann ist es notwendig, zwei verschiedene Tendenzen dieser Epoche voneinander abzugrenzen. Zum einen ermöglichte die Aufklärung die Entwicklung des Toleranzgedankens, die Umsetzung von Menschen- und Bürgerrechten, sowie die Anerkennung der Volkssouveränität. In dieser Tradition steht sowohl die amerikanische Revolution mit der Unabhängigkeitserklärung als auch die Französische Revolution. In Nordamerika und in Frankreich ist es gelungen, das gesellschaftliche, politische und wirtschaftliche Leben grundlegend und in positiver Weise umzugestalten. Aber es gibt auch die Schattenseite der Aufklärung, von der hier die Rede ist. In einem bisher nicht veröffentlichten Brief an den Literaturwissenschaftler Walter Falk vom 15. Januar 1988 geht Süskind hierauf ein: »In der Tat [...] war wohl eine meiner Intentionen, zu zeigen, daß die Zuwendung zur Schattenseite der Aufklärung der Sündenfall des modernen Menschen ist. Wohlgemerkt *die* Aufklärung schlechthin, nicht jene rationale

Lichtseite der Aufklärung

Süskinds Brief

Tradition, die Dogmen in Frage stellte, Aberglauben bekämpfte, Erkenntnis – vor allem auf dem Gebiet der Naturwissenschaften – ermöglichte. […] Sondern jene Schattenseite meine ich, die die Aufklärung von Anfang an begleitet hat, die hybride Seite, personifiziert nicht von den Naturwissenschaftlern, sondern von gewissen Philosophen, Politikern, Künstlern, religiös Verzückten usw., welche der Vernunft nun auf den Thron des höchsten Wesens setzt und den Menschen als Schöpfer der Welt proklamiert. In dem Kant'schen Satz von der ›Herausführung des Menschen aus seiner selbstverschuldeten Unmündigkeit‹ klingt, zumindest für unsere Ohren, einiges von dieser Hybris an. Wir spüren da schon die fatale Sehnsucht nach dem neuen, autonomen, selbstherrlichen Menschen.«[9] In dieser Tradition der Aufklärung setzten Philosophen und Politiker den menschlichen Willen an die Stelle des göttlichen. Weiter heißt es im Brief von Süskind: Man kann »diesen modernen Menschentypus als einen ›bezeichnen‹, der die außerhalb seiner selbst existierende Wirklichkeit als nicht zu respektierende ansieht und dadurch zum Mörder wird. Ich würde ein wenig altmodischer sagen: Wer sich selbst zum Gott macht, wird zum Mörder, wer den Menschen zum Schöpfer der Welt erhebt, wird notwendigerweise zum Massenmörder.«[10]

Schattenseite der Aufklärung

Hier ist von Süskind der Bezug zu Grenouille hergestellt. Dieser hat die von ihm ausgesuchten Mädchen so teilnahmslos ermorden können, weil er sich selbst zu einem »omnipotenten Gott des Duftes« (198) erhoben hat. Er wird zum Massenmörder, weil er als Schöpfer eines absoluten Parfums die völlige Beherrschung der Welt zum Ziel erhebt.

Nach seinem ersten Mord an dem Mirabellen entkernenden Mädchen hat sich Grenouille selbst gefunden, dann verlässt er Paris und zieht sich im Zentralmassiv in eine Höhle zurück, wo eine weitere Phase seiner Persönlichkeitsentwicklung ansetzt. Hier, abgeschieden von den Menschen und deren Gerüchen, stellt er gedanklich Duftsymphonien her. Hier lebt er wie ein Mönch, wie ein Einsiedler, aber Grenouille hat mit Gott nichts im Sinn, er hat sich nicht aus religiösen Gründen zurückgezogen, sondern um sich selbst nahe zu sein, und um an die Stelle der bestehenden Welt eine von ihm geschaffene zu stellen: »Ja! Dies war sein Reich! Das einzigartige Grenouillereich! Von ihm, dem einzigartigen Grenouille erschaffen und beherrscht, von ihm verwüstet, wenn es ihm gefiel, und wieder aufgerichtet [...]. Hier galt nichts als sein Wille, der Wille des großen, herrlichen, einzigartigen Grenouille« (161).

Nachdem er die Einsamkeit des Gebirges verlassen hat, erfolgt ein weiterer Schritt in seiner Entwicklung. Grenouille geht unter Menschen, in die Stadt, wo die besten Parfumeure wohnten, um dort zu lernen, ein Parfum hervorzubringen, das ihm, der über keinen eigenen Körpergeruch verfügt, den Geruch eines Menschen gibt. Als ihm dieses gelungen ist, weiß er, dass er noch Höheres schaffen kann, nämlich einen Duft, der »übermenschlich« ist, einen »Engelsduft« (198). Mit diesem Duft würde er nicht nur von den Menschen akzeptiert, sondern von ihnen bis zur Selbstaufgabe geliebt werden. »Er wollte der omnipotente Gott des Duftes« sein (198), um die Herzen der Menschen zu beherrschen. Hierdurch erhebt er sich über den christlichen Gott, der für ihn nichts weiter als ein »kleiner armer Stinker« ist (199).

Der omnipotente Gott des Duftes als Massenmörder

Um aber ein solches perfektes Parfum zu kreieren, muss

Grenouille, nachdem er ein neues Verfahren kennen gelernt hat, den zauberhaften Duft von jungen Frauen konservieren und in einem Parfum vereinen. Hierzu ist es notwendig, weitere Mädchen zu töten. Aber erst nach fünfundzwanzig Morden wird er als Massenmörder entdeckt und verurteilt.

Auf dem Richtplatz zeigt sich Grenouille als autonomer Schöpfergott, der über die Macht verfügt, Menschen zu unterwerfen und gleichsam die Welt zu beherrschen. Die riesige Menschenmenge, die seiner Hinrichtung beiwohnen will, ist plötzlich von dem hässlichen Grenouille, der sich mit seinem wundervollen Parfum beträufelt hat, fasziniert, denn etwas Unfassbares, ein Wunder, geschieht. Die Zuschauer sind unerwartet von dem Monster Grenouille entzückt und glauben, dieser könne unmöglich ein Mörder sein. Grenouille hat die Menschen im erotischen Zentrum getroffen, ein Liebesgefühl breitet sich aus, das so stark ist, dass sich die Anwesenden nicht nur umarmen, sondern auch gegenseitig lieben und kopulieren. Aus der Zusammenkunft von Menschen anlässlich der Hinrichtung eines Massenmörders entwickelt sich ein Bacchanal. Grenouille erscheint den Anwesenden als ein Mensch mit dem »unschuldigsten, liebevollsten, […] verführerischsten Lächeln«. Aber auf seinem Gesicht zeigt sich tatsächlich kein Lächeln, sondern ein spöttisches und herabwürdigendes Grinsen (304). Grenouille hat wahrlich eine prometheische Tat vollbracht, und »er verdankte sie niemandem – keinem Vater, keiner Mutter und am allerwenigsten einem gnädigen Gott – als einzig *sich selbst*. Er war in der Tat sein eigener Gott, und ein herrlicherer Gott als jener weihrauchstinkende Gott, der in den Kirchen hauste« (304).

Bacchanal als prometheische Tat

Hiermit erreicht Grenouille auf dem Hinrichtungsplatz

sein Lebensziel, ihm ist es gelungen, eine eigene wirkliche Existenz zu vollenden, sich an die Stelle Gottes zu setzen. Aber er kann diese Situation nicht genießen, denn er spürt, dass ihm etwas Wesentliches fehlt, nämlich die Fähigkeit zu lieben.

Nach dem Bacchanal zieht es ihn wieder nach Paris, an den Ort seiner Geburt, wo er auf dem Friedhof auf Menschen aus der untersten gesellschaftlichen Schicht, auf Deklassierte trifft. Hier beträufelt er sich wiederum mit seinem bezaubernden Parfum, und wieder ist die Wirkung außerordentlich, sie richtet sich nun aber auch gegen den großen Parfumeur selbst. Die Anwesenden, allesamt Diebe, Mörder, Huren, Abenteurer, fühlen sich von ihm wie von einem »Engelsmenschen« angezogen, umdrängen ihn und »stürzten sich auf den Engel, fielen über ihn her, rissen ihn zu Boden«. Sie zerren nicht nur an seinen Kleidern, sondern krallen sich in sein Fleisch und zerlegen seinen Körper in kürzester Zeit in Einzelteile, um ihn, von »wollüstiger Gier getrieben«, aufzufressen (320). Diese Menschen sind auf ihre Tat stolz, denn der von Grenouille ausgehende Duft hat sie dazu veranlasst, »zum ersten Mal etwas aus Liebe« zu tun (320).

Süskinds Bezug zum 20. Jahrhundert

Die Darstellung Grenouilles zeigt auf erschreckende Weise, wie destruktiv ein Mensch aufgrund seiner inneren Natur werden kann. Süskind zeichnete mit Grenouille ein Psychogramm der Vernichtung und Ausrottung und bringt ihn damit nicht allein in die Nähe der »genialen Scheusale« und »Finstermänner« der Französischen Revolution (5), sondern auch in die Nähe der berüchtigten Diktatoren des 20. Jahrhunderts.

Grenouilles Wille zur Existenz im Duft hat nicht nur

Morde hervorgerufen, er hat auch zu seiner Ermordung, zur Selbstzerstörung und zum Kannibalismus geführt.

Die wenigsten Schriftsteller beabsichtigen, in einem historisch orientierten Werk, etwa einem Roman, allein die Zeitumstände zu erhellen, in der die Handlung spielt, sie schreiben für die existierende Wirklichkeit, für die Zeit, in der sie leben. Unsere Zeit, in der Süskind seinen Roman verfasste, ist auch geprägt von dem Glauben, der Mensch könne autonom handeln, sowohl im ökologischen und wissenschaftlichen, als auch im politischen Bereich. Die Ideologie totalitärer Systeme steht ebenfalls in dieser Tradition, wovon die jüngere Vergangenheit Zeugnis ablegt. Der von Süskind aufgezeigte Wille Grenouilles ist der Wille zur Selbstverwirklichung, und der Träger dieses Willens entwickelt sich zu einem Massenmörder, was der Autor auch in seinem Brief an Walter Falk ausführt. Auf die Selbstvergottung folgt die (Selbst-)Zerstörung. Diese Schattenseite der Aufklärung haben Theodor W. Adorno und Max Horkheimer in ihrer sozialphilosophischen Untersuchung *Dialektik der Aufklärung* (1947) beschrieben. Auch der Literaturwissenschaftler Falk hat in mehreren philosophischen Publikationen auf die Schattenseite der Aufklärung, auf ihren »Januskopf« hingewiesen[11] und parallele Strukturen zum Grenouille-Geschehen in der jüngsten Vergangenheit und Gegenwart aufgearbeitet. Literatur(geschichte) und (Geschichte der) Gesellschaft stehen in einem wesentlichen Zusammenhang. Von dieser Überzeugung ausgehend, lassen sich gesellschaftliche Erscheinungen von der Dichtung her erhellen,[12] da hier bestimmte Phänomene, die sich in anderen Lebensbereichen auswirken, deutlich erkennbar sind.

Januskopf der Aufklärung

Umberto Eco und der postmoderne Schriftsteller

Süskinds Roman wird von Kritikern als ein Beispiel postmoderner Literatur bezeichnet, wobei sie sich vorwiegend auf Umberto Ecos Ausführungen zur Postmoderne in dessen *Nachschrift zum Namen der Rose*[13] beziehen. Eco setzt sich hier mit dem nicht eindeutig definierten Begriff der Postmoderne auseinander und wendet sich dagegen, Postmoderne als eine zeitlich eingrenzbare Strömung, als ein Zeitalter, zu begreifen, das nach der Moderne anzusiedeln sei. Eco versteht Postmoderne vielmehr als eine Form, die Welt zu sehen und zu interpretieren. Postmoderne sei eine Geisteshaltung, die sich als Krise in jeder Epoche, nicht nur am Ende der Moderne, ausdrücke. Der postmoderne Schriftsteller imitiere nicht, er verfolge die Aufgabe, die Trennung zwischen Kunst und Vergnügen, zwischen Elite- und Massenliteratur zu überwinden.

In der Literatur über Süskinds Roman werden mehrere von Eco genannte Merkmale postmodernen Schreibens angeführt, so primär die Einbeziehung literarischer Texte aus der Vergangenheit als Montage bzw. Collage, womit Süskind auf ironische Art und Weise umgehe. Dank der Anleihen bei anderen Autoren sei Süskinds Roman mehrfach kodiert, was schließlich zu einem stilistisch herausragenden und spannenden Buch geführt habe, das dem Leser eine neue »sinnliche Dimension«[14] eröffne. Außerdem bestünde das postmoderne Arbeiten Süskinds darin, dem Leser Vergnügen zu bereiten. Er wende sich an ein breites Publikum, unter Verzicht auf den Anspruch, eine höhere Wahrheit vermitteln zu wollen.[15]

Intertextuelle Bezüge

In den zahlreichen literaturwissenschaftlichen und didaktischen Studien werden die intertextuellen Bezüge, die zwischen dem *Parfum* und anderen Werken bestehen, präzise untersucht. Elisabeth Becker weist auf das Alte Testament, die Genesis (1) hin. Im 26. Romankapitel, das Grenouilles schöpferische Taten beschreibt, wird dessen Anmaßung im Vergleich zu Gottes Schöpfungswerk nur zu deutlich: Die Anspielung auf die Schöpfungsgeschichte, schreibt Becker, »degradiert ›den Großen, den Einzigen, den Herrlichen Grenouille‹ zum launischen Despoten und Schauspieler, der die Machtlosigkeit seines bisherigen Lebens mit Gewalt und Willkürakten zu kompensieren sucht. [...] Obwohl er die Realisierung seiner Vorstellungen im Wortlaut der Genesis zu beschwören sucht (›es geschah‹), bleibt sein ›Imperium‹ eine reine Kopfgeburt.«[16] Aus der Genesis übernimmt Süskind sowohl semantische als auch syntaktische Wendungen, außerdem arbeitet er biblische Motive mit ein.[17]

Hanns-Peter Reisner nennt als ein weiteres Merkmal postmodernen, intertextuellen Erzählens Süskinds Rückgriff auf eine traditionelle Erzählweise, die dazu dient, Spannung zu erzeugen sowie den »weniger ambitionierten Leser« in den Bann zu schlagen.[18] Durch Anspielungen, Verweise und Zitate mache Süskind umgestaltete Textentlehnungen kenntlich. Der Romanbeginn und der Anfang von Kleists Novelle *Michael Kohlhaas* z. B., von diesem parodiert, dienen der Charakterisierung der beiden Hauptpersonen durch Kleist und Süskind, bevor Kohlhaas und Grenouille auftreten. Außerdem weisen beide Texte ähnliche Strukturen auf. Jedoch in Anbetracht der »ironisch verfremdeten Mischung von Übernahme und Modifikation einzelner Wendungen und Strukturmomente lässt sich von einfachem Abschreiben aus dem Kleist'schen Novellentext nicht sprechen«[19].

Werner Frizen und Marilies Spancken betonen, den postmodernen Charakter von Süskinds Roman mache aus, dass Süskind »einerseits souverän über die Mittel des handlungsorientierten Erzählens verfügt« und andererseits »auf die Ideologie der geschlossenen vormodernen Weltsicht mit ihren fixierten Werten, Ideen, Lehren und dem Happyend« verzichtet und dabei dem Leser keine »fixierten Weltbilder« zumute, weshalb auch die Gefahr des Herabsinkens ins Epigonale nicht bestünde.[20] In ihrer grundlegenden Untersuchung weisen sie auf mehrere Bezüge zu Joseph von Eichendorff, E. T. A. Hoffmann, Heinrich von Kleist und Thomas Mann hin.[21]

Eine Auseinandersetzung mit intertextuellen Bezügen findet sich zudem bei Judith Ryan[22], Wolfgang Delseit und Ralf Drost.[23] Letztere sehen als postmodernes Merkmal auch die Mehrfachkodierung[24] an, worunter man hier die innere Verbundenheit von mehreren Genres innerhalb eines Werks zu verstehen hat: *Das Parfum* beginnt als ein historischer Kriminalroman, der sich aber auch zum Bildungs- und Künstlerroman entwickelt.

Fiedlers Plädoyer für eine nachmoderne Epoche und der postmoderne Roman

Im Gegensatz zu Umberto Eco versteht Leslie A. Fiedler[25] die Postmoderne als eine Epoche, die eine Antwort auf die Fragwürdigkeiten der Moderne und die eingetretene Krise des Fortschrittsglaubens zu geben versucht. Fiedler hebt hervor, von der Literatur der Moderne, »deren Triumph von kurz vor dem Ersten Weltkrieg bis kurz nach dem Zweiten Weltkrieg dauerte«[26], könnten keine neuen Impulse mehr ausgehen, weshalb die Moderne ein verstrichenes Zeitalter darstelle. Die Moderne sei an der Sucht zur Analyse in ihren literarischen Werken zugrunde gegangen. Der postmoderne Roman sei deshalb auf eine radikale und grundlegende

Veränderung angewiesen. Wenn ihm überhaupt eine Zukunft bevorstehen solle, müsse er die Kluft zwischen der Bildungselite und der Massenkultur schließen, mit dem Ziel, eine klassenlose Literaturgesellschaft zu erreichen. Die eng mit den Massenmedien verbundene postmoderne Literatur verfüge mit den Formen der Popkultur, dem Gegenstück von überlieferter Kunst, über ein reichhaltiges Repertoire, auf das die postmodernen Autoren zurückgreifen könnten. Fiedler nennt als Beispiele dieser neuen Literatur Ken Keseys Roman *One flew Over the Cuckoo's Net* (1962), Norman Mailers *Why are we in Vietnam?* (1967) oder Antony Burgess' Roman *A Clockwork Orange* (1962). In diesen Werken hätten sich die Autoren von traditionellen Sachzwängen gelöst, ihre »Helden« entstammten nicht der in der Schule behandelten Lektüren, sie stellten Typen dar, die das Elternhaus ablehne. Neue Autoren fühlten sich Fiedler zufolge nicht mehr dem klassischen Kanon der Gattungen verpflichtet, ihnen stünden aufgrund ihrer Alltagserfahrung neue Formen, auch eine ›gemischte Prosa‹, zur Verfügung.

Lyotard und die Suche postmoderner Autoren nach neuen Darstellungsformen

Ebenso meint der wohl wichtigste Vertreter der philosophischen Denkrichtung der Postmoderne, der französische Gelehrte Jean-François Lyotard, postmoderne Autoren seien auf der Suche nach neuen Darstellungsformen, weshalb sich der Autor beim Schreiben nicht von bestehenden Regeln leiten lasse. »Künstler und Schriftsteller arbeiten also ohne Regeln; sie arbeiten, um die Regel dessen zu erstellen, was *gemacht worden sein wird*«, sie liefern auch keine Wirklichkeit, sondern »Anspielungen auf ein Denkbares [...], das nicht dargestellt werden kann«.[27]

Süskind ist es mit seinem *Parfum* sicherlich wie kaum einem anderen Schriftsteller gelungen, ein breites Publikum zu erreichen, und er hat somit, wie Fiedler es fordert, die Kluft zwischen Bildungselite und Massenkultur überwunden. Allerdings hat Süskind gerade einen Roman verfasst, der zu einer klassischen Schullektüre avancierte, obwohl sein Held einen Typus darstellt, der vom Bildungsbürgertum abgelehnt wird. Es ist deshalb fraglich, ob *Das Parfum* als ein Gegenstück zur überlieferten Kunst bezeichnet werden kann. *Das Parfum* ist der klassischen Erzählliteratur verpflichtet, Süskind greift keine neuen Darstellungsformen auf und bleibt den traditionellen erzählerischen Regeln treu. Die als postmoderne Verfahren des Schreibens herausgestellte Montage, Zitat und Parodie[28] wurden als Verfahrensweisen bereits in der avantgardistischen Moderne, etwa bei Alfred Döblin, verwendet.

In der kulturellen Tradition

Als kleinster gemeinsamer Nenner postmoderner Literatur lässt sich vielleicht nur die Intertextualität benennen, die Wechselbeziehung zwischen dem postmodernen Roman und den in der Literaturgeschichte bereits tradierten Texten. Der postmoderne Autor stellt diese Beziehung häufig auf ironische Weise her. Mit der Intertextualität ist auch die Vorstellung von der Zerbrechlichkeit der Einheit und Geschlossenheit literarischer Werke verbunden, da der Autor Sinnkonstitutionen, die in der Literatur vermittelt wurden, in Frage stellt. Unter diesem Gesichtspunkt ist Süskinds Roman als ein Paradigma der postmodernen Literatur einzustufen. Die in der Forschungsliteratur und Literaturkritik herausgestellten intertextuellen Bezüge, die Süskind ausarbeitet, entsprechen je-

Süskinds Einstellung zur Intertextualität

doch nicht der Beliebigkeitsformel des *anything goes* im Zeitalter der Massenmedien, sondern hier liegt ein von Süskind akribisch hergestellter Bezug zu kulturellen Traditionen vor. Die Merkmale Beliebigkeit und Unverbindlichkeit als Charakteristika lassen sich auf Süskinds Roman kaum anwenden.

Süskind hat auf einer tieferen Sinnebene eine Auseinandersetzung mit der Aufklärung verfolgt. Lyotard zufolge stellt der postmoderne Schriftsteller »Metaerzählungen«, in denen das Denken unter Leitbegriffen wie Aufklärung, Idealismus, Historismus eingeordnet wird, in Frage, da übergeordnete einstimmige Konzepte ihre Gültigkeit und Durchsetzungskraft verloren hätten. Süskind hat sich einer solchen »Metaerzählung« angenommen und die Handlung seines Romans in die Zeit der Aufklärung gestellt, in jenes *siècle des lumières*, in dem die Vernunft bei Philosophen und Dichtern zum einzigen Maßstab menschlichen Handelns und Urteilens erkoren wurde. Er greift das Projekt der Aufklärung unter einem neuen Blickwinkel wieder auf, um das Scheitern ihrer Ideale angesichts der Verführungskraft eines einzelnen Mannes darzustellen, indem er die Folgen des menschlichen Strebens nach menschlicher Autonomie, die zur Zerstörung und Selbstzerstörung führt, zum Thema erhebt. Hiermit beschreibt und prangert er den Wahn an, der autonome Mensch könne die Welt aus seinem Willen schaffen, auf Kosten anderer, auf Kosten von politisch und religiös Andersdenkenden, anscheinend biologisch und rassisch Minderwertigen. *Das Parfum* soll als ein Roman gelesen werden, der mit dieser dunklen Seite der Aufklärung abrechnet.

Es stellt sich weiterhin die Frage, ob *Das Parfum* als ein typisch postmoderner Roman anzusehen ist. Sicherlich kommt der Intertextualität, wie oben dargelegt, bei der Beurteilung eine besondere Bedeutung zu. Der Schriftsteller Hanns-Josef Ortheil nennt in seinem Essay *Das Lesen – ein Spiel. Postmoderne Literatur?*[29] konkrete Werke der Gegenwartsliteratur als Beispiele für postmodernes Schreiben, er klassifiziert Süskinds Roman aber nicht als postmodern.

Ob Süskind selbst dem Merkmal der Intertextualität eine besondere Bedeutung zuschreibt, sei dahingestellt. Die intertextuellen Bezüge im *Parfum* bedürfen einer Entdeckung und Entschlüsselung durch einen mit der Literaturgeschichte vertrauten Leser, der über ein ausgezeichnetes Gedächtnis verfügt. Das breite Publikum, das diesen Roman liest, wird die literarischen Bezüge nicht in allen Fällen entdecken können, auch nicht entdecken wollen. Zur Intertextualität als Merkmal der Postmorderne ist deshalb ein Verweis auf Süskind selbst sinnvoll. In seiner amüsanten Betrachtung *Amnesie in litteris*, die 1986 erschien, beklagt Süskind voller Ironie, vielleicht als Reaktion auf einige Kritiken, dass er sich an das einmal Gelesene und sogar intensiv Durchgearbeitete schon bald nicht mehr erinnern könne: »Was ist mir im Gedächtnis geblieben von der fünfzehnbändigen Andersch-Kassette? Nichts. Was von den Bölls, Walsers und Koeppens? Nichts. Von den zehn Bänden Handke? Weniger als nichts. Was weiß ich noch von Tristram Shandy, was von Rousseaus Bekenntnissen, von Seumes Spaziergang? Nichts, nichts, nichts.«[30]

Aber selbst wenn der an »Amnesie in litteris« leidende Leser die intertextuellen Bezüge nicht erkennt, wird er Freude an der Unterhaltung haben. Der Roman *Das Parfum* will unterhalten, ein Buch, das nicht unterhält, kann auch nichts lehren und niemanden belehren. Diese Aufgabe erfüllt Süskind mit seinem Roman voll und ganz. Ironisch behandelt Süskind überdies, wohl auch als Reaktion auf den Vorwurf, er arbeite als unterhaltender Schriftsteller epigonal, den »Zwang zur Tiefe« in der gleichnamigen Erzählung aus dem Jahr 1986.[31]

7. Der Autor

Der medienscheue Schriftsteller

Es gibt kaum einen erfolgreichen Autor, über dessen Biografie der Leser so wenig erfährt wie über die von Patrick Süskind. Es ist dem absolut medienscheuen Schriftsteller erfolgreich gelungen, sein Privatleben vor der Öffentlichkeit zu verbergen. So zeigt er auch keine Bereitschaft, in Talkshows aufzutreten oder sich fotografieren zu lassen.

Kurze Biografie

Patrick Süskind wurde am 26. März 1949 in Ambach am Starnberger See als zweiter Sohn geboren. Sein Vater, der 1970 verstorbene W. E. (Wilhelm Emanuel) Süskind, war Schriftsteller, Übersetzer und Redakteur bei der *Süddeutschen Zeitung*, er schrieb mehrere Romane und vielbeachtete Abhandlungen über die deutsche Sprache.

Patrick Süskind wuchs in einem kleinen bayrischen Dorf, Holzhausen, auf, besuchte dort ab 1955 die Dorfschule und wechselte später auf ein Gymnasium. Nach seinem Abitur und dem Zivildienst studierte er von 1968 bis 1974 in München Geschichte. Ein Studienjahr verbrachte Süskind in Frankreich, in Aix-en-Provence, wo er sich mit der französischen Sprache und Kultur vertraut machte. Sein Studium beendete er mit einer Magisterarbeit über George Bernard Shaws politisches und soziales Interesse, danach entschloss er sich, als freischaffender Schriftsteller seinen Lebensunterhalt zu verdienen. Zunächst lebte Süskind von Gelegenheitsjobs und schrieb Drehbücher und kleine Prosastücke, die aber anfangs nicht veröffentlicht wurden.

Einem breiten Publikum wurde Süskind als Unterhaltungsautor bekannt. Von ihm stammen die Drehbücher

Patrick Süskind

Drehbuchautor

zu den erfolgreichen Fernsehserien *Monaco Franze. Der ewige Stenz* und *Kir Royal. Aus dem Leben eines Klatschreporters*. Mit dem Deutschen Drehbuchpreis wurde 1997 der Film *Rossini oder die mörderische Frage, wer mit wem schläft* ausgezeichnet. In diesem Film sowie in der Fernsehserie *Kir Royal* führte Helmut Dietl die Regie.

Süskinds Vorbereitungen

Süskinds literarischer Erfolg setzte mit dem Ein-Mann-Theaterstück *Der Kontrabaß* ein, das 1981 in München im Cuvilléstheater zur Uraufführung kam, nachdem es ursprünglich als Hörspiel gesendet worden war. *Der Kontrabaß* zählt zu den meistgespielten Theaterstücken, nicht nur auf deutschen Bühnen, es ist sicherlich das beliebteste Solostück der gegenwärtigen Theaterszene.

Mit dem 1985 erschienenen Erfolgsroman *Das Parfum. Die Geschichte eines Mörders* erfuhr Süskind internationale Anerkennung. Der Autor hatte sich in Grasse in Südfrankreich bei der Firma Fragonard mit der Kunst der Herstellung von Parfums vertraut gemacht und für seinen Roman literarische sowie kunstgeschichtliche Studien betrieben, aber auch eine Karte von Paris aus dem 18. Jahrhundert intensiv studiert. Süskind glaubte selbst nicht an einen Erfolg seines Romans und riet dem Diogenes Verlag, nur eine Startauflage von 5000 Exemplaren zu drucken. Diogenes druckte 10 000 Exemplare, die nach wenigen Monaten verkauft waren. Der Roman wurde weltweit zu einem Erfolg. Zwei Jahre später, 1987, erschien die Erzählung *Die Taube*, dann die autobiografisch geprägte *Geschichte von Herrn Sommer* im Jahr 1991.

Außerdem verfasste Süskind kleine Erzählungen, wie *Das Vermächtnis des Maitre Mussard* (1976), *Ein Kampf*

(1985) oder *Der Zwang zur Tiefe* (1986) und *Amnesie in litteris* (1986).

Süskinds literarische Figuren sind Sonderlinge, die ihre Umwelt als bedrohlich empfinden, sich zurückziehen oder sprachlos werden. So lebt der Kontrabassspieler in einem isolierten Raum und erzählt eine Geschichte über die Liebe oder besser über das, was von ihr mancherorts übrig bleibt. Ein Monolog von abgrundtiefer Hoffnungslosigkeit.

Die Taube

Die Hauptfigur in der Erzählung *Die Taube*, der Wachmann Jonathan Noel, wird aus der Alltäglichkeit in einen Zustand völliger Hilflosigkeit geworfen. Er mag sein ruhiges und gewohntes Leben. Er hat dieses deshalb so eingerichtet, dass es aus Monotonie und Routine besteht. Wenn sich dennoch etwas ändert, ist er zutiefst verunsichert. Angst flößt ihm schließlich eine Taube ein, denn diese verkörpert für ihn Anarchie und Chaos.

Die Geschichte von Herrn Sommer

Der Ich-Erzähler der *Geschichte von Herrn Sommer* leidet unter seinen Kindheits- und Jugenderlebnissen. Einmal wird er Zeuge, wie die ruhelose Titelfigur, Herr Sommer, gehetzt mit Kleidung in einen See geht, als nähme er ein Bad, sich aber ertränkt. Der Beobachter ist irritiert und unfähig, Hilfe herbeizuholen oder selbst zu helfen. Die Angst vor dem Tod, wie er sie bei Herrn Sommer erlebt hat, überträgt sich und hindert den Ich-Erzähler jahrelang daran, über den Vorfall zu sprechen. Die Psyche des Erzähler-Ichs ist diesem Erlebnis in der Wirklichkeit schutzlos ausgeliefert, erst als Erwachsener entschwindet das Bedrohliche und die Sprachlosigkeit, nun erst vermag er darüber zu sprechen.

Wie einige seiner literarischen Figuren gilt auch Patrick

Süskind als ein exzentrischer und sensibler Mensch. Er lehnt ihm zuerkannte Literaturpreise ab und ist selten bereit, Interviews zu geben, weshalb über sein Leben, das er in München, Paris und Montolieu, in Südfrankreich führt, wenig bekannt ist.

8. Rezeption

Der Roman *Das Parfum* wurde gleich nach dem Vorabdruck in der *Frankfurter Allgemeinen Zeitung* und nach seinem Erscheinen Anfang 1985 im Züricher Diogenes Verlag in den Feuilletons der deutschsprachigen Presse überschwänglich gelobt, allerdings waren auch einige kritische Stimmen vernehmbar.[32] Zeitverzögert fand zu Beginn der 90er-Jahre Süskinds Roman auch Eingang in die didaktische Literatur; seit geraumer Zeit gilt er als ein sehr akzeptables und brauchbares Beispiel für den handlungs- und produktionsorientierten Unterricht vom Ende der Sekundarstufe I an.[33]

Marcel Reich-Ranicki beginnt seine umfangreiche Buchbesprechung in der *Frankfurter Allgemeinen Zeitung* mit der Feststellung: »Also das gibt es immer noch oder schon wieder: einen deutschen Schriftsteller, der des Deutschen mächtig ist; einen zeitgenössischen Erzähler, der dennoch erzählen kann; einen Romancier, der uns nicht mit dem Spiegelbild seines Bauchnabels belästigt; einen jungen Autor, der trotzdem kein Langweiler ist.«[34]

Ein Erzähler, der erzählen kann

Joachim Kaiser bescheinigt Süskind in der *Süddeutschen Zeitung* einen kraftvollen Auftakt mit seinem Romanerstling, der »nicht schwitzt, der leicht, phantasievoll, stoffgesättigt, effektbewusst und manchmal auch sorglos formuliert scheint«.[35] Von den Rezensenten wird allgemein der Stil des Romans gelobt, obwohl er auf raffinierte moderne Erzähltechniken und abwechslungsreiche Perspektivwechsel verzichtet, einen traditionellen allwissenden Erzähler berichten lasse und sich der Autor der Ausdrucksweise der traditionellen Erzähler anschließe. Aber er biete »Kulinarisches«, wo es sonst nur »Ich-Literatur-Eintopf« gebe und stehe damit »quer zum Literaturbetrieb«.[36]

Mehrfach wird Süskind »artistisches Erzählen«[37] bescheinigt, er beherrsche sein Handwerk und erzähle »das eigentlich Unglaubhafte derart […], daß ihm der Leser willig folgt«[38]. Selbst dem Gestank könne der Autor »mit geradezu eleganten Sätzen gerecht werden«[39]. Es sei unnachahmlich, wie erzählerisch Gerüche in Worte gefasst würden.[40] Außerdem beherrsche Süskind als Autor mehrerer Fernsehdrehbücher auch den sicheren Umgang mit dramaturgischen Verfahrensweisen.

Lob der umfassenden Sachkenntnis

Süskind könne nicht nur hervorragend erzählen, beachtenswert sei auch seine tief gehende und umfassende Sachkenntnis. Er habe die Herstellung der Lösungen, Salben und Parfums gründlich studiert, kenne die Techniken der Destillation, Enfleurage und Mazeration. Hierbei habe dem Autor sicherlich Alain Corbins wissenschaftliche Abhandlung *Pesthauch und Blütenduft. Eine Geschichte des Geruchs* als Hintergrundlektüre gedient und hilfreiche Dienste geleistet.[41]

Das Parfum *gibt keine Impulse und vermittelt keinen tieferen Sinn*

Neben diesen Lobpreisungen heben mehrere Rezensenten auch Kritikpunkte hervor. Zum einen vermissen manche einen modernen Erzählstil, was auf der anderen Seite als positiv vermerkt wurde. Trotz der »handwerklichen Brillanz« bescheinigt Niels Höpfner Süskind »erhebliche Mängel«, da das Buch formal »nichts und gar nichts mit zeitgenössischer Literatur zu tun« habe. Der Leser würde überdies nicht zu einem »ethischen Standpunkt« genötigt.[42] Obwohl der Roman ein Juwel an »präziösem Stil und äußerer Spannung« sei, kann Rudolf Krämer-Badoni keinen tiefer gehenden Sinn erkennen. Süskind biete ein morbides Amusement, sein Stoff sei für Horrorfilme geeignet, aber die Zeit sei abgelaufen, um neue Mythen zu produzieren.[43]

Das postmoderne Schreiben ins Auge fassend, stellt Gerhard Stadelmaier fest, Süskind plündere »tote Dichter« ebenso wie sein Held tote Häute plündere. Süskind biete nach Stadelmaiers Meinung keine »Zukunftsfigur«, seine »Vision« sei mit dem Material der Vergangenheit bearbeitet.[44] In diese Richtung geht auch die Kritik von Beatrice von Matt. *Das Parfum* sei kein utopischer Entwurf, die eindimensionale Erzählweise und die sprachliche Gestaltung führten schließlich hin zur Trivialität. Außerdem erführe der Leser wenig über die epochalen Verhältnisse in Frankreich und in Paris zur Zeit der Romanhandlung, obwohl Süskind »ungehemmt alle nur denkbaren Reize [...] des Monströsen, der ausgefallenen Triebstruktur« einsetzte. Von Matt bemängelt zudem, dass lediglich die Männer aus dem Umfeld des Helden ein »beschränktes Schicksal« hätten, nicht aber die Frauen. Die erotisch interessanten Frauen kämen alle um, ältere Frauen würden vom Autor selbst »auffällig rasch aus dem Weg geschafft«. Grundsätzlich hebt die Rezensentin hervor, »die Veranstaltungen und Tagträume des machtbesessenen Monsters« allein könnten keine Zustimmung des Lesers finden. Es fehle zur Auseinandersetzung mit der Gesamtaussage »eine korrigierende Gegeninstanz« zu Grenouille.[45]

Hinführung zur Trivialität

Die »Idee« des Buches, so Joachim Kaiser in der *Süddeutschen Zeitung*, sei mit der *Blechtrommel* von Günter Grass zu vergleichen, der grundlegende Unterschied allerdings liege in der Durchführung und literarischen Gestaltung, die Grass überzeugender gelungen sei. Die Mythen schnurrten zusammen wie Anekdoten und »Menschliches und Verbindliches« sei nur momentan sichtbar. So wie »Gebrauchsgraphik dem Kunst-Stil schadet, so bedeutet Fernseh-Routine für Prosa zumindest eine Gefahr, vor welcher dieser hochbegabte und einfallsreiche Autor herzlich gewarnt sei«.[46]

Gefahr der Fernsehroutine

Wolfram Schütte stößt sich an der stilistischen Bearbeitung und dem methodischen Vorgehen Süskinds, das er als »Künstlich-Gemachtes« bezeichnet, das suggestiv wirken solle. »Was dem Autor an beschreibender Subtilität, an erzählerischer Evokationskraft fehlt, ersetzt er durch Drastik kontrastierender Begriffe«. Das Buch sei letztendlich ein kostümierter historischer Roman, »ein parabelhaftes Gedankenspiel, dessen Patchwork gut vernäht« sei.[47]

Während einige Kritiker einen tiefer gehenden Sinn von Süskinds Roman vermissen, deuten andere Rezensenten *Das Parfum* als ein einfallsreiches und gehaltvolles Werk. Wolfram Schütte sieht den Roman als Spiegelbild religiöser und politischer Verführung, er betont die Beziehung zum KZ-Arzt Mengele, der wie Grenouille mit Menschen experimentierte und diese selektierte. Während Süskinds Held von niemandem geliebt wurde, habe das »erfolgreiche Scheusal« Mengele Freunde und Vertraute gehabt.[48] Die Geschichte Grenouilles sei eine Anspielung auf die politischen Verführer, so Jürgen P. Wallmann, eine Allegorie auf den Massenwahn im 20. Jahrhundert.[49] Diese Interpretation vertritt auch Reich-Ranicki. Er sieht zudem den tieferen

Sinn in der Darstellung der »Sehnsucht nach dem Absoluten, ihre Ursachen und ihre Folgen«. Süskind sei »eine Apotheose von mythologischem Rang« gelungen, eine grandiose Darstellung des Massenwahns, der Verführbarkeit des Menschen, obwohl Süskind nicht mitteilte, »welches Ungeheuer« er meinte.[50]

9. Checkliste

Die folgenden Fragen können zur Überprüfung der Lektüre verwendet werden. Einige eignen sich auch als Grundlage für eine weitergehende Untersuchung.

1. Informieren Sie sich in einem Lexikon über das Zeitalter der europäischen »Aufklärung« im 18. Jahrhundert, und arbeiten Sie die Bestrebungen der Philosophen und die Tendenzen der Epoche heraus. Legen Sie dar, welche Prinzipien der Vernunft proklamiert wurden.
2. Wie schildert der Erzähler das Milieu, in dem Grenouille zur Welt kommt und aufwächst? Stellen Sie dieses Milieu in einem schriftlichen Bericht oder einer kleinen Reportage dar.
3. Was assoziieren Sie persönlich mit »Paris«? Beschreiben Sie anschließend die Verhältnisse in Paris, wie sie Süskind schildert, unter dem Aspekt »Zivilisation im 18. Jahrhundert«. Beziehen Sie sich hierbei sowohl auf den Roman als auch auf (eine) kultur- bzw. literaturgeschichtliche Abhandlung(en).
4. Charakterisieren Sie das Verhältnis zwischen Grenouille und seinen Ammen, dem Pater Terrier sowie seinen »Lehrherren« Grimal, Baldini und dem Marquis.
5. Verfassen Sie einen Brief des Paters an den Prior seines Klosters, mit der Rechtfertigung Terriers, sich nicht weiter um Grenouille persönlich kümmern zu wollen. Wie könnte eine Antwort des Klostervorstehers aussehen, wenn dieser die Forderungen einer verantwortlichen Erziehung ernst nimmt?
6. Beschreiben Sie den Charakter Grenouilles in jungen Jahren.

7. Veranschaulichen Sie das Verhältnis von Geruch und Gefühl am Zusammentreffen Grenouilles mit dem Mädchen, das Mirabellen entkernt.
8. Verfassen Sie eine »Sozialstudie« über die Arbeit in der Gerberei.
9. Mit welchen Schwierigkeiten hat sich Grenouille bei Baldini auseinander zu setzen, welche Vorteile bringt ihm die Lehrzeit?
10. Welches Ziel verfolgt Grenouille auf seiner Wanderung in den Süden Frankreichs, welches Ziel während seines Aufenthaltes auf dem Plomb du Cantal?
11. Süskind hat mit der Person des Marquis die Rolle des Wissenschaftlers im Zeitalter der Aufklärung karikiert. In welcher Absicht?
12. Welchen Lebensplan verfolgt Grenouille, als er den Marquis und Montpellier verlässt?
13. Welche Funktion hat der Aufenthalt in Grasse für die weitere Entwicklung Grenouilles?
14. Kennzeichnen Sie das Verhältnis zwischen Grenouille und Laure vom ersten Zusammentreffen an.
15. Charakterisieren Sie die Mordmotive Grenouilles.
16. Arbeiten Sie die Ähnlichkeiten heraus, die zwischen Grenouille und Richis bestehen.
17. Schildern Sie die Entwicklung des Bacchanals aus der Perspektive eines Anwesenden in einem persönlichen Brief an einen Freund.
18. Beschreiben Sie aus der Perspektive von Richis dessen Verhalten gegenüber dem Mörder seiner Tochter.
19. Weshalb lässt sich Grenouille auf ein solches selbstzerstörerisches Ende ein? Legen Sie dar, ob Grenouille sein Lebensziel erreicht hat.
20. Welche Rolle spielt die Liebe für Grenouille?

21. Warum nimmt Grenouille keinen näheren Kontakt zu anderen Personen auf?
22. Erklären Sie das zeitliche Strukturprinzip der Romanhandlung.
23. Welche Bedeutung erhält der Friedhof am Anfang und am Ende der Romanhandlung?
24. Welche Rolle spielen die Namen der Personen?
25. Der Erzähler ist diejenige Instanz, die das Geschehen vermittelt. Wie lässt sich der Erzähler des Romans charakterisieren? Wie erfüllt er seine Aufgabe?
26. Was versteht man unter den Begriffen Entwicklungs- und Bildungsroman?
27. Welche Gemeinsamkeiten und welche Unterschiede bestehen zwischen dem *Parfum* und dem klassischen Bildungs- und Entwicklungsroman?
28. Welche Rolle wird dem Individuum und dem Genie in der Aufklärung zugewiesen?
29. Warum setzt Süskind ein Monster in den Mittelpunkt der zur Zeit der Aufklärung spielenden Handlung?
30. Welche beiden Seiten der Aufklärung können voneinander unterschieden werden?
31. Erscheint es Ihnen gerechtfertigt, in dem Roman *Das Parfum* eine Studie über die Verhältnisse im 20. Jahrhundert zu sehen?
32. Worin liegt der Unterschied in der Einschätzung der Postmoderne bei Umberto Eco und Leslie A. Fiedler?
33. Welche Merkmale der Postmoderne werden im Interpretationsteil angeführt?
34. Inwiefern verwischt *Das Parfum* den Unterschied zwischen Bildungs- und Massenliteratur?
35. Wie würde Süskind selbst die Frage nach der Bedeutung der intertextuellen Bezüge beantworten?

36. Weshalb wird in den Buchbesprechungen *Das Parfum* gelobt? Welche Kritik wird andererseits geübt?
37. Ist der Roman *Das Parfum* auch bei Schülern beliebt? Führen Sie eine Umfrage in anderen Lerngruppen durch.

10. Lektüretipps

Textausgabe

Patrick Süskind: Das Parfum. Die Geschichte eines Mörders. Zürich: Diogenes Verlag, 1994. (Diogenes Taschenbuch. 22800.) (Erstausgabe 1985.)

Das Parfum. Die Geschichte eines Mörders. Gelesen von Gert Westphal. 8 Audio-CDs (Laufzeit 570 Minuten). 1995.

Weitere Werke von Patrick Süskind

Der Kontrabaß. Zürich 1997.

Die Taube. Zürich 1987.

Die Geschichte von Herrn Sommer. Mit Bildern von Sempé. Zürich 1994.

Drei Geschichten und eine Betrachtung. Zürich 1995.

Weiterführende Literatur

Corbin, Alain: Pesthauch und Blütenduft. Eine Geschichte des Geruchs. Berlin 1984.

Eco, Umberto: Nachwort zum Namen der Rose. München 1984.

Faure, Paul: Magie der Düfte. Eine Kulturgeschichte der Wohlgerüche. Von den Pharaonen zu den Römern. München/Zürich ²1991.

Fiedler, Leslie A.: Das Zeitalter der neuen Literatur. In: Christ und Welt vom 13.9.1968. S. 9f. und 20.9.1968. S. 14–16.

Fiedler, Leslie A.: Überquert die Grenze, schließt den Graben! (1968). In: Roman oder Leben. Postmoderne in der deutschen Literatur. Hrsg. von Uwe Wittstock. Leipzig 1994. S. 14–39.

Lyotard, Jean-François: Beantwortung der Frage: Was ist postmodern? In: Postmoderne und Dekonstruktion. Texte französischer Philosophen der Gegenwart. Hrsg. von Peter Engelmann. Stuttgart 1990. S. 48.

Ortheil, Hanns-Josef: Was ist postmoderne Literatur? (1990). In: Roman oder Leben. Postmoderne in der deutschen Literatur. Hrsg. von Uwe Wittstock. Leipzig 1994. S. 198–210.

Rimmel, Eugene: Magie der Düfte. Die klassische Geschichte des Parfüms. Stuttgart 1993.

Sekundärliteratur

Berger, Norbert: Patrick Süskinds *Das Parfum*. In: Praxis Deutsch 14 (1987) H. 11. S. 58–62.

Delseit, Wolfgang / Ralf Drost: Erläuterungen und Dokumente: Patrick Süskind: *Das Parfum*. Stuttgart 2000. (RUB. 16018.)

Frizen, Werner: Patrick Süskinds »postmoderne« Didaktik. In: Der Deutschunterricht 48 (1996) H. 3. S. 26–31.

– / Marilies Spancken: Patrick Süskinds *Das Parfum*. München 1996.

Hallet, Wolfgang: Das Genie als Mörder. Über Patrick Süskinds *Das Parfum*. In: Literatur für Leser 12 (1989) S. 275–288.

Liebrand, Claudia: Frauenmord für die Kunst. Eine feministische Lesart. In: Der Deutschunterricht 48 (1996) H 3. S. 22–25.

Matzkowski, Bernd: Patrick Süskinds *Das Parfum*. Hollfeld 2001.
Pfeiffer, Joachim: Vom Größenwahn zum Totalitarismus. Die Konstruktion des Genies in Patrick Süskinds Roman *Das Parfum*. In: http://home.ph-freiburg.de/pfeiffer/sueskind.htm.
Reisner, Hanns-Peter: Lektürehilfen: Patrick Süskinds *Das Parfum*. Stuttgart [u. a.] 1998.
Ryan, Judith: Pastiche und Postmoderne. Patrick Süskinds Roman *Das Parfum*. In: Paul Michael Lützeler: Spätmoderne und Postmoderne. Beiträge zur deutschsprachigen Gegenwartsliteratur. Frankfurt a. M. 1991. S. 91–103.
Schardt, Friedel: Patrick Süskinds *Das Parfum*. In: F. Sch.: Wertorientierung durch Literatur? Stuttgart 1998. S. 226–240.
Winkler, Iris: Patrick Süskinds *Das Parfum*. Einem ›genialen Scheusal‹ auf der Spur. In: RAAbits Deutsch/Literatur. Stuttgart 1996.

Rezensionen

Alings, Gabriele: Dufte. Patrick Süskinds Parfum. In: Die Tageszeitung. 4. 4. 1985.
Fischer, Michael: Der Stänkerer gegen die Deo-Zeit. In: Der Spiegel. 4. 3. 1985.
Grack, Günther: Der Duft der Schönheit. In: Der Tagesspiegel. 7. 4. 1985.
Gutschke, Irmtraud: Leichen auf dem Weg zum Liebesparfüm. In: Neues Deutschland. 5./6. 9. 1987.
Hartmann, Rainer: Die feine Nase des Grenouille. In: Kölner Stadt-Anzeiger. 21. 3. 1985.

Hocke, Thomas: Duftige Mordrätsel aus dem Paris Watteaus. In: Rheinischer Merkur / Christ und Welt. 23. 3. 1985.

Höpfner, Niels: Grenouille – das Nasenmonster. In: Die Presse. 6./7. 8. 1985.

Kaiser, Joachim: Viel Flottheit und Phantasie. In: Süddeutsche Zeitung. 28. 3. 1985.

Knorr, Wolfram: Aus Zwerg Nase wird ein Frankenstein der Düfte. In: Die Weltwoche. 21. 3. 1985.

Matt, Beatrice von: Das Scheusal als Romanheld. In: Neue Zürcher Zeitung. 15. 3. 1985.

Meyhöfer, Annette: Zwerg Nase im Reich der Geruchssinne. In: Vorwärts. 22. 6. 1985.

Reich-Ranicki, Marcel: Des Mörders betörender Duft. In: Frankfurter Allgemeine Zeitung. 2. 3. 1985.

Schütte, Wolfram: Parabel und Gedankenspiel. In: Frankfurter Rundschau. Ostern 1985.

Stadelmaier, Gerhard: Lebens-Riechlauf eines Duftmörders. In: Die Zeit. 15. 3. 1985.

Wallmann, Jürgen P.: Der Duft des großen kleinen Genies. In: Deutsches Allgemeines Sonntagsblatt. 14. 4. 1985.

Anmerkungen

1 Wolfgang Delseit / Rolf Drost, *Erläuterungen und Dokumente, Patrick Süskind, »Das Parfum«*, Stuttgart 2000, S. 48.
2 Alain Corbin, *Pesthauch und Blütenduft*, Berlin 1982, S. 35 ff.
3 Werner Frizen / Marilies Spancken, *Patrick Süskind »Das Parfum«*, München 1998, S. 83.
4 Delseit/Drost (Anm. 1), S. 38.
5 Ebd., S. 5.
6 Pfeiffer, *Vom Größenwahn zum Totalitarismus*, in: http://home.ph-freiburg.de/Pfeiffer/sueskind.htm., S. 8.
7 Vgl. die modifizierte Übersicht bei Frizen/Spancken (Anm. 3), S. 25.
8 Pfeiffer (Anm. 6).
9 Unveröffentlichter Brief von Patrick Süskind an Walter Falk vom 15. 1. 1988.
10 Ebd.
11 Walter Falk, Vom Strukturalismus zum Potentialismus. Freiburg i. Br. / München 1976; Ders., Václav Havels Briefe aus dem Gefängnis, Taunusstein 1994; Ders., Wissen und Glauben um 2000. Zu einer weltbewegenden Problematik und ihrer Herkunft. Aus dem Nachlass hrsg. von Harald Seubert, Paderborn [u. a.] 2003.
12 Hierbei wird das Diktum der Literatursoziologie, Dichtung von dem gesellschaftlichen her zu erklären, umgekehrt.
13 Umberto Eco, *Nachschrift zum Namen der Rose*, München/Wien 1984.
14 Hanns-Peter Reisner, Lektürehilfe, *Patrick Süskind, »Das Parfum«*, Stuttgart, Düsseldorf, Leipzig 2001, S. 115.
15 Zu diesem Komplex u. a.: Frizen/Spancken (Anm. 3), S. 18 ff.; Reisner (Anm. 14), S. 105 ff.
16 Elisabeth Becker, *Das Parfum*, Paderborn 2002, S. 88.
17 Reisner (Anm. 14), S. 111.
18 Ebd., S. 106.
19 Ebd., S. 108.
20 Frizen/Spancken (Anm. 3), S. 115.
21 Ebd., S. 109–112.
22 Judith Ryan, »Pastiche und Postmoderne. Patrick Süskinds

Roman *Das Parfum*«, in: *Spätmoderne und Postmoderne*, hrsg. von Paul Michael Lützeler, Frankfurt a. M. 1991, S. 396–403.

23 Delseit/Drost (Anm. 1), S. 66–73.

24 Ebd., S. 69 f.

25 Leslie A. Fiedler, »Das Zeitalter der neuen Literatur«, in: *Christ und Welt* vom 13. 9. 1968, S. 9 f., und 20. 9. 1968, S. 14–16. Der grundlegende Aufsatz von Fiedler lautet: »Überquert die Grenze, schließt den Graben!« (1968), in: *Roman oder Leben. Postmoderne in der deutschen Literatur*, hrsg. von Uwe Wittstock, Leipzig 1994, S. 14–39.

26 Fiedler, »Das Zeitalter der neuen Literatur« (Anm. 25), S. 9.

27 Jean-François Lyotard, »Beantwortung der Frage: Was ist postmodern?«, in: *Postmoderne und Dekonstruktion. Texte französischer Philosophen der Gegenwart*, hrsg. von Peter Engelmann, Stuttgart 1990, S. 48.

28 Volker Meid, *Sachwörterbuch zur deutschen Literatur*, Stuttgart 1999, S. 410.

29 In: Die Zeit, Nr. 17 vom 17. 4. 1987; hierzu sein Aufsatz »Postmoderne in der deutschen Literatur«, in: *Roman oder Leben*, S. 198–210.

30 Patrick Süskind, *Drei Geschichten und eine Betrachtung*, Zürich 1995, S. 109–129, hier: S. 121 f., zuerst erschienen in: *L' 80, Zeitschrift für Literatur und Politik*, H. 37, Köln 1986.

31 Patrick Süskind, »Der Zwang zur Tiefe«, in: *Drei Geschichten und eine Betrachtung*, Zürich 1995, S. 9–19; zuerst erschienen in: P. S., *Das Buch der Niedertracht*, München 1986.

32 Eine profunde Aufarbeitung der Rezeptionsgeschichte mit dem Abdruck zahlreicher Buchbesprechungen findet sich bei Delseit/Drost (Anm. 1), S. 74–92.

33 Hierzu: Frizen/Spancken (Anm. 3), S. 15–17.

34 Marcel Reich-Ranicki, »Des Mörders betörender Duft«, in: *Frankfurter Allgemeine Zeitung*, 2. 3. 1985.

35 Joachim Kaiser, »Viel Flottheit und Phantasie«, in: *Süddeutsche Zeitung*, 28. 3. 1985.

36 Wolfram Knorr, »Aus Zwerg Nase wird ein Frankenstein der Düfte«, in: *Die Weltwoche*, 21. 3. 1985.

37 Irmtraud Gutschke, Leichen auf dem Weg zum Liebesparfüm, in: *Neues Deutschland*, 5./6. 9. 1987.

38 Jürgen P. Wallmann, »Der Duft des großen kleinen Genies«, in: *Deutsches Allgemeines Sonntagsblatt*, 14.4.1985.
39 Reich-Ranicki (Anm. 34).
40 Gutschke (Anm. 37).
41 Günther Grack, »Der Duft der Schönheit«, in: *Der Tagesspiegel*, 7.4.1985.
42 Niels Höpfner, »Grenouille – das Nasenmonster«, in: *Die Presse*, 6./7.8.1985.
43 Rudolf Krämer-Badoni, »Neuer Vampir für den Film?«, in: *Die Welt*, 16.2.1985.
44 Gerhard Stadelmaier: »Lebens-Riechlauf eines Duftmörders«, in: *Die Zeit*, 15.3.1985.
45 Beatrice von Matt, »Das Scheusal als Romanheld«, in: *Neue Zürcher Zeitung*, 15.3.1985.
46 Joachim Kaiser (Anm. 35).
47 Wolfram Schütte, »Parabel und Gedankenspiel«, in: *Frankfurter Rundschau*, Ostern 1985.
48 Ebd.
49 Wallmann (Anm. 38).
50 Reich-Ranicki (Anm. 34).

Lektüreschlüssel für Schüler

Andersch: *Sansibar oder der letzte Grund*. 96 S. UB 15311

J. Becker: *Jakob der Lügner*. 80 S. UB 15346

Ben Jelloun: *Les Raisins de la galère*. 80 S. UB 15381

Böll: *Die verlorene Ehre der Katharina Blum*. 66 S. UB 15364

Brecht: *Der gute Mensch von Sezuan*. 96 S. UB 15375

Brecht: *Der kaukasische Kreidekreis*. 96 S. UB 15351

Brecht: *Leben des Galilei*. 91 S. UB 15320

Brecht: *Mutter Courage*. 95 S. UB 15329

Büchner: *Dantons Tod*. 96 S. UB 15344

Büchner: *Leonce und Lena*. 96 S. UB 15319

Büchner: *Woyzeck*. 96 S. UB 15339

Camus: *L'Étranger*. 93 S. UB 15357

Döblin: *Berlin Alexanderplatz*. 89 S. UB 15317

Droste-Hülshoff: *Die Judenbuche*. 53 S. UB 15305

Dürrenmatt: *Die Physiker*. 77 S. UB 15302

Dürrenmatt: *Der Richter und sein Henker*. 88 S. UB 15374

Eichendorff: *Aus dem Leben eines Taugenichts*. 88 S. UB 15306

Fontane: *Effi Briest*. 87 S. UB 15327

Fontane: *Irrungen. Wirrungen*. 88 S. UB 15367

Fontane: *Unterm Birnbaum*. 82 S. UB 15307

Frisch: *Andorra*. 78 S. UB 15332

Frisch: *Biedermann und die Brandstifter*. 84 S. UB 15330

Frisch: *Homo faber*. 87 S. UB 15303
Goethe: *Faust I*. 69 S. UB 15301
Goethe: *Götz von Berlichingen*. 71 S. UB 15331
Goethe: *Iphigenie auf Tauris*. 72 S. UB 15350
Goethe: *Die Leiden des jungen Werther*. 75 S. UB 15312
Gotthelf: *Die schwarze Spinne*. 79 S. UB 15336
Grass: *Im Krebsgang*. 96 S. UB 15338
Grass: *Katz und Maus*. 79 S. UB 15304
Hauptmann: *Bahnwärter Thiel*. 70 S. UB 15314
Hauptmann: *Die Weber*. 91. S. UB 15368
Hebbel: *Maria Magdalena*. 83 S. UB 15361
Heine: *Deutschland. Ein Wintermärchen*. 79 S. UB 15325
Hesse: *Unterm Rad*. 96 S. UB 15340
E.T.A. Hoffmann: *Das Fräulein von Scuderi*. 74 S. UB 15321
E.T.A. Hoffmann: *Der goldne Topf*. 74 S. UB 15326
E.T.A. Hoffmann: *Der Sandmann*. 72 S. UB 15354
Hornby: *About a Boy*. 56 S. UB 15378
Horváth: *Jugend ohne Gott*. 92 S. UB 15369
Huxley: *Brave New World. Schöne neue Welt*. 79 S. UB 15366
Ibsen: *Nora (Ein Puppenheim)*. 80 S. UB 15360
Kafka: *Der Proceß*. 96 S. UB 15371
Kafka: *Die Verwandlung*. 94 S. UB 15342
Keller: *Kleider machen Leute*. 87 S. UB 15313
Keller: *Romeo und Julia auf dem Dorfe*. 87 S. UB 15324
Kleist: *Das Erdbeben in Chili*. 79 S. UB 15322
Kleist: *Die Marquise von O…* 88 S. UB 15379

Kleist: *Michael Kohlhaas*. 79 S. UB 15334

Kleist: *Der zerbrochne Krug*. 85 S. UB 15333

Lessing: *Emilia Galotti*. 93 S. UB 15318

Lessing: *Minna von Barnhelm*. 60 S. UB 15323

Lessing: *Nathan der Weise*. 96 S. UB 15316

H. Mann: *Der Untertan*. 90 S. UB 15363

Th. Mann: *Mario und der Zauberer*. 72 S. UB 15343

Th. Mann: *Der Tod in Venedig*. 96 S. UB 15358

Th. Mann: *Tonio Kröger*. 67 S. UB 15309

Musil: *Die Verwirrungen des Zöglings Törleß*. 96 S. UB 15345

Orwell: *1984*. 68 S. UB 15362

Rhue: *The Wave*. 62 S. UB 15355

Roth: *Hiob*. 96 S. UB 15376

Schiller: *Don Karlos*. 88 S. UB 15352

Schiller: *Die Jungfrau von Orleans*. 88 S. UB 15380

Schiller: *Kabale und Liebe*. 70 S. UB 15335

Schiller: *Maria Stuart*. 84 S. UB 15310

Schiller: *Die Räuber*. 90 S. UB 15328

Schiller: *Der Verbrecher aus verlorener Ehre*. 88 S. UB 15353

Schiller: *Wilhelm Tell*. 78 S. UB 15337

Schlink: *Der Vorleser*. 77 S. UB 15359

Schneider: *Schlafes Bruder*. 72 S. UB 15372

Shakespeare: *Romeo and Juliet*. 68 S. UB 15341

Sophokles: *Antigone*. 83 S. UB 15348

Sophokles: *König Ödipus*. 87 S. UB 15356

Storm: *Der Schimmelreiter*. 96 S. UB 15315

Süskind: *Das Parfum*. 93 S. UB 15370
Tieck: *Der blonde Eckbert*. 88 S. UB 15349
Walser: *Ein fliehendes Pferd*. 90 S. UB 15373
Wedekind: *Frühlings Erwachen*. 64 S. UB 15308
Zuckmayer: *Der Hauptmann von Köpenick*. 96 S. UB 1534
Zweig: *Schachnovelle*. 82 S. UB 15365